SUSANNE E. SCHWAIGER

Kenne ich mein Pferd?

KOSMOS ratgeber

Was ist meinem Pferd wichtig?

Unsere Menschenwelt

Die Beziehung von Mensch und Pferd

Vorsicht, „Fettnäpfchen“

Vorsicht, „Beziehungskiller“

Serviceteil

Was ist meinem

Pferd wichtig?

Ganz gleich, ob Sie schon viele Jahre mit Ihrem vierbeinigen Partner zusammen sind oder ihn gerade erst kennen lernen: Es gibt immer wieder Neues zu entdecken und vielleicht werden Sie sehr erstaunt sein, welche neuen Facetten sich zeigen, wenn Sie einen anderen Blickwinkel einnehmen und Ihr Pferd aus einer anderen Perspektive betrachten.

Die Bedürfnisse des Partners Pferd

Was ist meinem Pferd wichtig? – Überrascht Sie diese Frage? Meistens wissen wir Menschen sehr genau, was wir vom Pferd möchten. Vielleicht ist Ihnen wichtig, dass Ihr Pferd sich im Stall und unterm Sattel ordentlich benimmt. Doch was ist dem Pferd wichtig? Haben Sie sich darüber schon einmal Gedanken gemacht? Lernt man den anderen nicht am besten kennen, indem man ergründet, was sein Wesen ausmacht und welche Bedürfnisse er hat? Ein Pferd betrachtet die Welt mit ganz anderen Augen, lebt in einem völlig anderen sozialen Gefüge als wir Menschen.

Herdenverhalten und Rangordnung

Unsere Reitpferde, so domestiziert sie auch sein mögen, tragen noch immer ihr ursprüngliches Erbe aus der Zeit in sich, in der sie im Herdenverband weitläufige Steppen bewohnten. Sie haben sich natürlich an unsere Menschenwelt ein Stück weit angepasst, doch auch in Ihrem Pferd schlummert ein Wildpferd, und viele seiner Bedürfnisse und Verhaltensweisen hat es bis heute bewahrt. Wahrscheinlich schmunzeln Sie nun ein wenig in Anbetracht Ihres vielleicht wenig temperamentvollen Pferdes. Täuschen Sie sich nicht, auch

Blumenwiesen sind ideal als Freizeittummelplatz und als Nahrungsgrundlage für Pferde – immer vorausgesetzt, die Pflanzen sind nicht giftig.

Check

Welche typischen Verhaltensweisen der Wildpferde können Sie bei Ihrem Pferd beobachten?

- **Es sucht die Gesellschaft seiner Artgenossen – Herdentrieb**
- **Es richtet sich stolz auf, wenn es fremden Artgenossen begegnet – Imponiergehabe**
- **Es legt die Ohren an, wenn ein Artgenosse zu nahe kommt – Drohgebärde**
- **Es springt in Schrecksituationen zur Seite oder versucht loszustürmen – Fluchtverhalten**
- **Es keilt mit den Hinterbeinen aus, wenn es sich bedroht fühlt – Verteidigungsverhalten**

Im Imponiergehabe zeigen sich auch heute noch typische Verhaltensweisen der Wildpferde.

im treuesten Verlasspferd schlägt das Herz der Wildnis.
Pferde sind, wie wir wissen, Fluchttiere. Sie sind eine willkommene Beute für die verschiedensten Raubtiere. Getreu dem Motto: Einigkeit macht stark, schlossen sie sich zu größeren Verbänden, den Herden, zusammen. Die Herde bietet dem Einzelnen Schutz und Sicherheit. Sie gewährleistet auch das Überleben schwacher, kranker, alter oder ganz junger Tiere. Jede größere Gruppe braucht Organisation. Stellen Sie sich vor, bei Gefahr würden die Pferde panisch in alle Windrichtungen flüchten. Die Räuber hätten leichte Beute und könnten mühelos vereinzelte Tiere erlegen. Die Natur richtet alles immer sehr sinnvoll und zweckmäßig ein. So kristallisierte sich innerhalb der Pferdeherde eine hierarchische Struktur heraus. Ein einfaches Prinzip der Organisation: Jeder orientiert sich am ranghöheren Artgenossen. Um zu erkennen, wer nun ranghöher oder rangniedriger ist, besitzen Pferde ein sehr feines Urteilsvermögen. Neben Körpersignalen und Herdenritualen, bei denen Rangordnung geklärt wird, verfügt das Pferd auch über ein intuitives Erkennen von Sein und Schein.
An oberster Stelle dieser Rangordnung stehen die Leittiere: die Leitstute und der Leithengst. Im Falle einer Gefahr flüchtet so die gesamte Herde in eine Richtung. Diese Richtung wird von der Leitstute vorgegeben. Der restliche

Die Herde bietet dem Einzelnen Schutz, Sicherheit und sozialen Kontakt.

Herdenverband folgt in der vorher abgeklärten Rangordnung. Jedes Pferd kennt seinen Platz innerhalb der Gruppe und weiß, an wem es sich orientieren kann. Dies schafft Vertrauen und Sicherheit.
Jedes Individuum ist eingebettet in die sichere Struktur des Herdenaufbaus. Es kennt seine Freiheiten und seine Grenzen. Flucht, Nahrungsaufnahme, Ruhezeiten, Weideplätze – alles ist organisiert und jedes einzelne Herdenmitglied hat seinen festen Platz. Interessant ist dabei, dass „hufgreifliche" Auseinandersetzungen meist nur innerhalb der niedrigen Ränge ausgetragen werden.
Je höher ein Tier in der Rangordnung steht, desto feiner sind die Mittel, mit denen es seinen Rang behauptet. Oft genügt nur eine leise Drohgebärde und alles ist geklärt.
Der Leithengst ist der einzige, der sich seinen Status tatsächlich durch Kampf erobert. Immer wieder muss er sich Rivalen stellen und seine Vormachtstellung behaupten. Seine Hauptaufgaben sind der Schutz der Herde und das Zeugen von Nachkommen. Die Natur hat es so eingerichtet, dass sich nur die Stärksten

Wichtig W

Ist die Rangordnung weitgehend geklärt und das Pferd kennt seine Leittiere, schafft dies Vertrauen und Sicherheit.

W *Wichtig*

Pferde haben ein unfehlbares Gespür für Wahrhaftigkeit. Einer erfahrenen Pferdepersönlichkeit können Sie kein X für ein U vormachen. Ihr Pferd wird Sie in jeder Situation prüfen, ob Sie es wirklich meinen oder nur so tun als ob.

Füllt der Mensch den Platz von Leitstute und Leithengst aus, kann sich das Pferd vertrauensvoll anschließen.

fortpflanzen können. Der Leithengst bewacht die Herde, verteidigt sie gegen einzelne Angreifer und sorgt dafür, dass kein Nachzügler sich zu weit vom Herdenverband absondert. Die Leitstute, die die oberste Instanz der Herde ist, hat sich diesen „Posten" sozusagen durch Erbfolge erworben. Danach muss sie sich aber auch noch bewähren, sonst genießt sie nicht das Vertrauen ihrer Artgenossen und die Herde würde ihr nicht folgen. Sie geht allen voran, wählt den Weg zu Futterstellen, Ruheplätzen und Weidegründen. Von ihrer Kompetenz und Erfahrung hängt das Überleben der ganzen Gruppe ab. Die Leittiere sind diejenigen, die der Herde am meisten dienen. Man könnte sagen: „Führen heißt der Gemeinschaft dienen." Dies gilt in besonderem Maße auch für die Gemeinschaft von Mensch und Pferd. Auf welche Weise dienen Sie Ihrem Pferd?

Der Mensch als „Leittier"

Auch im Umgang mit uns Menschen ist das Pferd bestrebt, sein Gegenüber in eine Rangfolge einzuordnen. Durch bestimmte „Tests", die wir später noch genauer betrachten werden, versucht das Pferd herauszufinden, ob der andere ranghöher oder rangniedriger ist als es selbst. Rangordnung ist einer der wichtigsten Bereiche im Leben eines Pferdes. Es muss wissen, an wem es sich orientieren kann, wenn Gefahr droht. Findet es keinen Ranghöheren, übernimmt es selbst die Führung. So kommt es zu folgenschweren Missverständnissen zwischen Mensch und Pferd. Vielleicht haben Sie solch dramatische Situationen bereits mit Ihrem Pferd selbst erlebt. Das Pferd übernimmt die Führung, geht durch, reißt sich los, attackiert Menschen, beißt, schlägt aus, widersetzt sich jeglichem Einfluss, scheint wie ferngesteuert zu sein. In derartigen Momenten wird uns Menschen schlagartig bewusst, wie hilflos wir eigentlich der Urgewalt des Pferdes gegenüberstehen. Zwangsmaßnahmen und gewaltsames Durch-

Wichtig

Führen bedeutet immer auch, dem Wohl der Gemeinschaft zu dienen.

setzen verhindern bestenfalls eine weitere Eskalation. Meistens setzt sich die Gewaltspirale jedoch weiter fort. Die Zwangsmittel werden immer massiver, der Widerstand des Pferdes auch. Die Ursache kann durch Gewalt nicht behoben werden und irgendwann, vielleicht, wenn wir es schon gar nicht mehr erwarten, bricht der Sturm erneut los. Denn erst wenn wir wissen, aus welchen Verhaltensweisen das Pferd seine Informationen über die Rangfolge entnimmt, können wir Menschen dem Pferd so gegenübertreten, dass es in uns sein Leittier erkennt. Es erfordert unser ehrliches Bemühen, die Welt des Pferdes zu verstehen, uns selbst auf die Ebene der Pferdesprache zu begeben, und nicht zuletzt unsere ganze menschliche Größe, um dem Pferd ein kompetentes Leittier zu sein, von dem es sich sicher geführt fühlt.

Akzeptiert uns das Pferd als seine führende Bezugsperson, wird es sich in jeder Situation an uns orientieren; es wird sich uns freiwillig anschließen und beim täglichen Training gerne mitarbeiten. Wenn Sie bei Ihrem Pferd in bestimmten Situationen massive Widerstände spüren, hinterfragen Sie die Ursachen und geben Sie sich nicht mit vordergründigen Erklärungen zufrieden. Denn meistens haben wir Menschen selbst den Grundstein für das unerwünschte Verhalten unseres Pferdes gelegt.

Wichtig W

Gewalttätige Streitigkeiten innerhalb der Herde finden meist nur unter rangniedrigen Tieren statt. Je höher der Rang eines Tieres, desto subtiler sind seine Mittel, diesen Rang zu behaupten. Strebt der Mensch die Position eines Leittieres an, ist auch er gefordert, echte Führungsqualitäten zu entwickeln und auf gewalttätige Methoden zu verzichten.

Eskalationen wie diese haben meist eine vom Menschen verursachte Vorgeschichte.

Eine Aufgabe des menschlichen „Leittieres" besteht darin, das Pferd zu beschützen – zum Beispiel vor übersteigertem Ehrgeiz.

Harmonie entsteht, wenn die Grundbedürfnisse des Pferdes erfüllt sind.

Grundbedürfnisse Ihres Pferdes

Nach diesem kleinen Exkurs in Sachen Pferdeherde nun wieder zurück zu unserer Frage: „Was ist Ihrem Pferd wichtig?" Wenn wir sein natürliches Erbe betrachten, können wir es sehr bald erahnen. Die elementarsten Grundbedürfnisse des Pferdes sind Schutz, Sicherheit, Nahrung, Fortpflanzung, Bewegung und sozialer Kontakt. Im Grunde genommen das, was ihm der natürliche Herdenverband bieten würde. Erscheint irgendwie logisch, oder? Doch genau an diesem Punkt scheitert so oft die harmonische Beziehung von Mensch und Pferd. Unsere Pferde leben heute nicht mehr in der Steppe oder genießen das natürliche Dasein in der Herde. Die im Laufe von vielen Jahrtausenden herausgebildeten elementaren Grundbedürfnisse haben sich in der relativ kurzen Zeit der Domestizierung jedoch nicht wesentlich verändert.
Wenn Sie das nächste Mal zu Ihrem Pferd gehen, schauen Sie ihm intensiv in die Augen und machen Sie sich bewusst, tief in seiner Seele ist auch Ihr Pferd ein Wildpferd mit Grundbedürfnissen wie vor tausenden von Jahren.

Das Bedürfnis Ihres Pferdes nach Schutz

Welchen Schutz könnte ein Pferd in unserer Menschenwelt denn überhaupt noch brauchen? Es gibt keine Raubtiere mehr, die es zu fürchten hätte.
Wenn wir den Begriff Schutz weiter fassen, kommen wir in den Bereich der Nutzung und Haltung unseres Pferdes. Wir könnten das Pferd zum Beispiel vor unserem übertriebenen Ehrgeiz schützen, vor Überforderung, vor frühzeitigem Verschleiß durch mangelndes Wissen oder Einfühlungsvermögen.

Werden Sie zum Fürsprecher Ihres Pferdes.

Manchmal auch ganz profan vor anderen Menschen oder Artgenossen, die das Pferd grob behandeln. Auch vor Verletzungsrisiken, schlechtem Futter oder unsachgerechter Haltung können wir es durch unser mutiges Einstehen bewahren. Wir können unserem Pferd einiges an Schutz angedeihen lassen. Ich bin sicher, Ihnen fallen noch weitere Bereiche ein, in denen Sie sich für Ihr Pferd stark machen können. Tun Sie es, Ihr Pferd wird es Ihnen danken.

C Check

Kennzeichnen Sie Bereiche, in denen Sie sich noch besser für Ihr Pferd einsetzen könnten:

- ○ **Neigen Sie zu übersteigertem Ehrgeiz?**
- ○ **Sind Ihre Erwartungen dem Leistungsvermögen Ihres Pferdes angemessen?**
- ○ **Ist das Trainingspensum Ihres Pferdes seiner körperlichen Verfassung angepasst?**
- ○ **Verfügen Sie Ihrer Meinung nach über ausreichende Fachkenntnisse über Pferde und Reiten?**
- ○ **Gibt es im Umfeld Ihres Pferdes Menschen, die mit ihm grob und unsachgemäß umgehen?**
- ○ **Sind die Haltungsbedingungen Ihres Pferdes in Ordnung?**
- ○ **Sind die verwendeten Futtermittel einwandfrei?**

Das Bedürfnis Ihres Pferdes nach Sicherheit

„Sind der abgeschlossene Stall und die eingezäunte Weide nicht Sicherheit genug?“, werden Sie sich vielleicht fragen. Kann ein abgeschlossener Raum einem Fluchttier tatsächlich ein Gefühl von Sicherheit vermitteln, wenn es dadurch gleichsam gehindert wird, seinem natürlichen Fluchtimpuls bei Gefahr zu folgen? Oft gehen wir davon aus, dass das Pferd die Welt genauso wahrnimmt wie wir. Wir fühlen uns in Räumen vor Gefahr sicher. Wir sind jedoch auch

Check

Bereiche, in denen Sie etwas verbessern könnten:

- Besuchen Sie Ihr Pferd regelmäßig?
- Gibt es geregelte Futterzeiten für Ihr Pferd, die konsequent eingehalten werden?
- Halten Sie sich selbst für einen verlässlichen Partner oder neigen Sie dazu, launisch oder inkonsequent zu sein?
- Wenn Ihr Pferd ein unerwünschtes Verhalten zeigt, korrigieren Sie es dann konsequent, oder lassen Sie Untugenden ab und zu durchgehen?
- Sind Sie in Ihren Anweisungen an Ihr Pferd in der Regel klar und eindeutig?
- Wissen Sie manchmal selbst nicht so recht, was Sie eigentlich von Ihrem Pferd wollen?

keine Fluchttiere. Verstehen Sie mich bitte nicht falsch; ich möchte Sie ganz bestimmt nicht dazu anstiften, Ihr Pferd in den „Großstadtdschungel" freizulassen. In unserer hochtechnisierten Menschenwelt ist das nicht mehr möglich. Das, was ich Ihnen etwas näher bringen möchte, ist ein Wahrnehmen und Denken wie ein Pferd. Je mehr Sie Ihr Pferd tatsächlich in seiner Eigenart begreifen, desto einfacher wird es sein, eine für beide Seiten erfüllende Partnerschaft einzugehen. Welche Form von Sicherheit können Sie Ihrem Pferd bieten? Was vermittelt Ihnen selbst, von abgeschlossenen Räumen mal abgesehen, ein Gefühl von Sicherheit? Vielleicht die Verlässlichkeit eines Partners? Sind Sie ein verlässlicher Partner für Ihr Pferd? Besuchen Sie Ihr Pferd regelmäßig? Ist Ihr Zusammensein erfüllt von Beständigkeit, klaren Regeln und konsequentem Handeln? Ein Gefühl der Sicherheit entsteht, wenn zum Beispiel die Reaktion des Partners abschätzbar

Wichtig

Seien Sie ein konsequenter, verlässlicher Partner für Ihr Pferd und geben Sie ihm so ein Gefühl der Sicherheit.

UNTEN: ***Die Abwesenheit seiner Artgenossen verunsichert dieses Pferd. Die klare, freundliche Präsenz seiner Bezugsperson hilft ihm sich zu beruhigen und Vertrauen zu fassen.***

Mmh ... lecker!

ist, oder wenn Abläufe gleichbleibend sind; dazu gehören auch geregelte Fütterungszeiten. Jede Form von Struktur und Beständigkeit vermittelt ein Gefühl der Sicherheit.

Das Bedürfnis Ihres Pferdes nach Nahrung

Na, jetzt haben wir endlich einmal etwas Bodenständiges. Diesem Bedürfnis des Pferdes kommen wir in aller Regel gerne nach und oft auch in allzu üppigem Maße. Wobei mit Nahrung nicht nur Leckerlis und Äpfel gemeint sind, sondern des Pferdes „täglich Brot". Wenn Sie Ihr Pferd in einer professionellen Pferdepension untergebracht haben, wird es dort wahrscheinlich auch gefüttert. Wissen Sie darüber Bescheid, was es zu fressen bekommt und wie viel? Haben Sie sich mit Pferdefütterung schon mal beschäftigt? Das ist eine Wissenschaft für sich und es ist durchaus lohnenswert, das, was im Futtertrog Ihres Pferdes landet, genauer unter die Lupe zu nehmen. Fragen Sie doch mal Ihren Futtermeister, was und wie viel Ihr Pferd täglich zu fressen bekommt. Machen Sie sich kundig, wie viel Ihr Pferd bei der durchschnittlichen körperlichen Leistung, die es zu erbringen hat, braucht, und welche Futtermittel zu empfehlen sind. Leidet Ihr Pferd an Husten, Verdauungsstörungen, struppigem Fell oder anderen Auffälligkeiten, empfiehlt es sich besonders, den Futterplan genauer zu studieren.

C Check

Was bekommt mein Pferd täglich zu fressen?

	Futtermittel	**Menge**
○	**Kraftfutter (Pellets, Müsli, Hafer ...)**	______
○	**Heu**	______
○	**Grassilage**	______
○	**Grascops**	______
○	**Frisches Gras**	______
○	**Stroh**	______
○	**Mineralstoffe**	______
○	**Brot**	______
○	**Karotten**	______
○	**Äpfel**	______
○	**Sonstiges**	______

Check

Bewegungsmöglichkeiten meines Pferdes

Art der Bewegung	Dauer täglich	Dauer wöchentlich
○ Weide- oder Koppelgang	______	______
○ Unterm Sattel	______	______
○ An der Longe	______	______
○ An der Hand	______	______
○ Im freien Spiel	______	______

Das Bewegungsbedürfnis Ihres Pferdes

Pferde sind Lauftiere; in ihrer natürlichen Umgebung legen sie in langsamem Tempo weite Strecken zur Nahrungsaufnahme zurück. Ihr Leben bedeutet: in Bewegung sein. Ihr Körper und ihre Psyche sind auf diese Lebensweise abgestimmt. So ist es wider ihre Natur, viele Stunden bewegungsunfähig an einem Platz zu stehen, um dann plötzlich eine Stunde lang große körperliche Leistungen zu erbringen. Mag sein, meine Ausführungen gefallen Ihnen nun gar nicht. Doch es hilft nichts, die Dinge zu beschönigen. Wenn wir über die Grundbedürfnisse des Pferdes sprechen, dann stellen wir oftmals fest, dass unsere Art mit Pferden umzugehen diesen Grundbedürfnissen entgegensteht. Auch wenn wir nicht in der Lage sind, stets ideale Bedingungen für Pferde zu schaffen, so sind wir doch angehalten, einen für beide Seiten tragbaren Kompromiss zu finden.
Wie viele Stunden kann sich Ihr Pferd täglich frei bewegen? Welche Freiräume können Sie für Ihr Pferd schaffen? Vielleicht mehr Koppelgang, freie Bewegungsmöglichkeit in der Halle oder ein ausgelassenes Bewegungsspiel mit Ihnen auf dem Platz?

Das Bedürfnis Ihres Pferdes nach sozialem Kontakt

Das Herdenleben ist für Pferde nicht nur äußerst nützlich und sichert ihr Überleben, es erfüllt auch ihre Bedürfnisse auf emotionaler Ebene. Freundschaften werden geschlossen, Rangordnung geklärt; es wird gespielt und ein wenig gekämpft; Streitigkeiten werden ausgetragen und gegenseitig das Fell in Ordnung gehalten. In der Herde findet

UNTEN:
Pferde sind sehr kontaktfreudige Wesen.

Beobachten Sie Ihr Pferd, wie es sich Artgenossen gegenüber verhält.

Check

Wie verhält sich mein Pferd unter seinen Artgenossen?

- **Wen mag mein Pferd besonders?** ____________________
- **Wen kann es nicht leiden?** ____________________
- **Ist mein Pferd bei anderen Pferden beliebt?** ____________________
- **Spielt mein Pferd mit anderen?** ____________________
- **Findet in der Gruppe soziale Fellpflege statt?** ____________________

das Pferd mehr als sozialen Kontakt, es findet die Geborgenheit der Gruppe. Pferde sind Lebewesen, die sehr gerne Kontakte eingehen und pflegen. Auch, wenn wir Menschen uns über alle Maßen anstrengen: Letztendlich können wir unserem Pferd den Austausch mit Artgenossen nicht ersetzen. Mag unser liebevolles, fürsorgliches Striegeln auch an soziale Fellpflege erinnern, das gegenseitige Beknabbern, Schubbern, Zwicken, Fliegenvertreiben, Provozieren, Imponieren, all das, was an Kommunikation und Kontakt zwischen zwei Pferden passiert, ist durch nichts zu ersetzen. Was nicht heißt, wir wären unwichtig. Seien Sie versichert, Ihr Pferd schätzt den Kontakt zu Ihnen auch, nur eben anders. Hat Ihr Pferd die Möglichkeit, mit seinen Artgenossen zusammen zu sein? Beobachten Sie Ihr Pferd in der Gruppe. Wie verhält es sich? Ist es bei anderen Pferden beliebt? Wie tauscht es sich mit anderen aus?

Spiel und Spaß sind verbindende Erlebnisse zwischen Mensch und Pferd.

Durch Mimik und Gestik werden Besitzansprüche geregelt.

Auch, wenn wir Menchen uns noch so viel Mühe geben, der Kontakt zu Artgenossen ist durch nichts zu ersetzen.

W Wichtig

Pferde sind kongruent. Das heißt, Ausdruck und Absicht stimmen überein. Pferde können nicht lügen. Dies erwarten sie auch von uns Menschen.

Die Pferdesprache

Wenn Sie nun Ihr Pferd beobachten, achten Sie auf seine Mimik, Gestik, auf bestimmte Körperhaltungen oder wiederkehrende Verhaltensweisen. Die Sprache des Pferdes ist die Körpersprache. Das Faszinierende dabei ist, dass Pferde nicht lügen können. Man sagt, sie sind kongruent – Ausdruck und Absicht stimmen überein.

Eine ganz wichtige Rolle bei der Festlegung der Rangordnung spielen Nähe und Distanz. Beobachtet man eine Pferdegruppe auf einer großen Weide, so fällt auf, dass der Abstand zwischen den einzelnen Pferden relativ groß ist. Pferde beanspruchen für sich eine „Privatsphäre". Diese kann einen Radius von mehreren Metern betragen. In diesen ganz persönlichen Bereich dürfen nur ranghöhere Artgenossen oder „eingeladene" Freunde eindringen. Stehen zwei Pferde freiwillig eng zusammen, so bedeutet dies, dass zwischen den beiden ein freundschaftliches Verhältnis besteht. Dies ist der angemessene Rahmen für soziale Fellpflege, spielerische Auseinandersetzungen oder gegenseitiges Fliegenvertreiben. Betritt ein ranghöherer Artgenosse diese „Privatsphäre", so wird der rangniedrigere den Platz räumen. Erdreistet sich hingegen ein rangniedrigeres Pferd, einem ranghöheren zu nahe zu kommen, wird es mit einer mehr oder weniger heftigen Drohgebärde auf Abstand gebracht. Nähe und Distanz sagt demnach immer auch etwas über die Rangordnung aus. Dies schließt Begegnungen zwischen Mensch und Pferd ein. Beobachten Sie Ihr Pferd genau, wenn Sie seinen „privaten Bereich" betreten. Wie reagiert es? Ist es Ihnen freundlich zugewandt, oder zeigt es eine leise Drohgebärde? Schenken Sie seiner Sprache mehr Beachtung; lernen Sie ihm aufmerksam zuzuhören, und Sie werden feststellen, dass ganz neue Möglichkeiten des Dialogs und der Partnerschaft entstehen. So werden Sie für Ihr Pferd zum kompetenten Leittier, dem es sich gerne freiwillig und voller Vertrauen anschließt.

Körpersprache der Pferde

Stellung der Ohren	Botschaft
Gespitzt, nach vorn gerichtet, ohne Bewegung	Wachsamkeit, Interesse, Aufmerksamkeit
Gespitzt, nach vorn gerichtet, unruhig	Fluchtbereitschaft
Seitlich gekippt, fast waagerecht	Müdigkeit, Dösen, Resignation
Seitlich gekippt, jedoch nach hinten hängend	Unterwürfigkeit, Unsicherheit
Seitlich nach hinten, flach angelegt	Drohgebärde
Haltung von Hals und Kopf	**Botschaft**
Gerundeter Hals, Nasenlinie in der Senkrechten	Imponiergehabe
Kopf und Hals vorgestreckt, unter der Waagrechten	Treibhaltung des Hengstes
Schlängelnde Bewegungen von Kopf und Hals	Drohgebärde
Kopfschlagen, auf und ab	Unwille, Unruhe, unterdrückte Aggression
Kopfschütteln, seitlich	Vertreiben von Fliegen
Haltung des Schweifs	**Botschaft**
Tragen des Schweifs	Imponiergehabe
Hoch aufgerichteter Schweif	Erhöhte Aufmerksamkeit, Wachsamkeit, Fluchtbereitschaft
Hängender Schweif	Müdigkeit, Dösen, Resignation, Verspannungen, Angst
Eingeklemmter Schweif	Furcht, Unterwürfigkeit, Schmerz
Schlagender Schweif	Vertreiben von Fliegen, Unmut, unterdrückte Aggression

Unsere

Menschenwelt

Pferde können sich in unserer hochtechnisierten Menschenwelt nicht mehr zurechtfinden. Sie brauchen einen starken, kompetenten Partner an ihrer Seite. Die Verantwortung liegt also ganz bei uns Menschen.

Straßen, Zäune, Mähdrescher und Co.

Im letzten Kapitel haben wir einen Blick in die Welt der Pferde geworfen, ihre ursprüngliche Natur kennen gelernt. Heute hat sich jedoch das Umfeld des Pferdes dramatisch verändert. Endlose Steppen sind Häusermeeren gewichen, natürliche Hindernisse wie Schluchten und Bäche haben sich in Straßen, Zäune, Mauern, Stoppschilder und Verkehrsampeln verwandelt. Unsere moderne Menschenwelt ist, wir können es drehen wie wir wollen, alles andere als pferdegerecht. Meldungen über ausgebrochene Pferde auf Bundesstraßen sind der Albtraum eines jeden Pferdebesitzers. Ein Pferd respektiert weder die Vorfahrt von rechts, noch findet es sich in unserer hochtechnisierten Welt wirklich zurecht. Es ist überfordert, denn die äußeren Gegebenheiten widersprechen seiner Natur. Hier sind wir Menschen gefordert, für unsere Pferde die volle Verantwortung zu übernehmen. Verantwortung übernehmen ist gleichbedeutend mit „Leittier" sein. Das Pferd braucht einen kompetenten, vertrauenswürdigen Führer, der die Gefahren dieser veränderten Welt kennt. Dann geben Pferde die Führung auch gerne ab. Haben sie ihr „Leittier" akzeptiert, können sie sich entspannt in dessen Schutz begeben. In für das Pferd beunruhigenden Situationen, wie zum Beispiel im Straßenverkehr, kann man dann beobachten, dass es sich nach einem kurzen Schreckmoment seinem „Leittier" zuwendet und „nachfragt", ob es Anlass zur Flucht gibt. Gefahrensituationen werden so sehr schnell entschärft. Bleibt der Mensch in dieser Situation ruhig und gelassen, wird sich auch das Pferd gleich wieder entspannen. Sind Sie bereit, dieser Aufgabe Ihrem Pferd gegenüber in vollem Umfang gerecht zu werden?

Autos, Traktoren oder Mähdrescher können für Pferde zu einer Bedrohung werden.

Manche Pferde haben „lebenslänglich“, ohne je etwas verbrochen zu haben.

Das Steppentier im Käfig

Wenn wir über Haltungsbedingungen der Pferde sprechen, werden vielleicht einige unter Ihnen geneigt sein, einfach weiterzublättern, denn dies ist ein heikles Thema. Idealismus kontra Sachzwang. Egal, ob es in unserer modernen Gesellschaft möglich wäre, Pferde artgerecht zu halten oder nicht, Tatsache ist, dass es Konsequenzen hat, ein Lauf-, Herden- und Fluchttier in einen eng begrenzten Raum zu sperren. Ob dies aus ethischen Gründen vertretbar ist, muss jeder selbst entscheiden. Ich möchte an dieser Stelle weder „missionieren“ noch bewerten. Ich möchte Ihnen vielmehr einige Konsequenzen aufzeigen. Betrachten wir doch ganz nüchtern, was es für ein Pferd bedeutet, die meiste Zeit seines Lebens in einer Box zu verbringen, völlig in seiner Bewegungsfreiheit eingeschränkt.

Auswirkungen auf den Körper

Der Körper des Pferdes hat sich über Jahrtausende an das Leben in Bewegung angepasst. Der Eingriff in das natürliche Leben der Pferde schafft eine Reihe von Problemen für die Gesunderhaltung unserer Pferde.
Der Huf zum Beispiel funktioniert wie eine Pumpe. Durch die ständige Bewegung entsteht Druck und Unterdruck, was die Zirkulation des Blutes durch feinste Kapillaren ermöglicht. Kann sich das Pferd wenig bewegen, verschlechtert sich auch die Durchblutung im Hufbereich. Schlechte Durchblutung ist insbesondere dann problematisch, wenn es zu Überbelastungen oder anderen Traumen in diesem Bereich kommt. Der Selbstheilungsprozess wird dann behindert; chronische Erkrankungen wie Arthrosen können daraus entstehen.
Auch regt die Bewegung des Pferdes das gesunde Hornwachstum des Hufes an. Steht ein Pferd zudem noch in einer schlecht gemisteten Box, so greift der Urin des Pferdes zusätzlich das Hufhorn an. Die Folge ist häufig Strahlfäule, zu weiches Hufhorn und ausgebrochene Tragränder. Ausbrechende Nagellöcher oder der häufige Verlust von Hufeisen mögen unter Umständen auch durch die schlechte Qualität des Hufhornes bedingt sein.
Der Verdauungstrakt des Pferdes ist so gebaut, dass das Pferd bei wenig Bewegung über lange Zeiträume hinweg nur geringe Mengen Nahrung aufnimmt.

Pferde haben deshalb einen relativ kleinen Magen. Auch ist der Verdauungstrakt eine Einbahnstraße. Was vorn hineinkommt, muss verdaut hinten wieder hinaus. Pferde können sich nicht erbrechen. Fehlt die Bewegung und nimmt das Pferd zu große Mengen an Futter auf einmal auf, kann es zu Verdauungsproblemen wie Koliken kommen. Bewegung ist für die Pferdeverdauung offenbar sehr wichtig.

Auch die Atmungsorgane des Pferdes sind auf geruhsamen Langstreckenlauf mit Nahrungsaufnahme ausgerichtet. Ständig wird die Lunge mit frischer Luft versorgt. Die gesenkte Kopfhaltung des Pferdes beim Grasen bietet gleich zwei Vorteile für den Körper. Zum einen wird dabei die Nacken-Rückenmuskulatur gedehnt; zum anderen können Sekrete aus Nase und Lunge leicht abfließen. Ist ein Pferd schlechter Stallluft ausgesetzt, können Ammoniakdämpfe aus dem Urin, aber auch Staub und Schimmelpilze aus Heu und Stroh die Schleimhäute des Atmungsapparates reizen. Folge sind häufig akute und chronische Erkrankungen der Atmungsorgane.

Es gibt sicher noch weit mehr schädliche Auswirkungen der Boxenhaltung auf den Pferdekörper. Doch zeigen sich nicht nur Konsequenzen für den Körper.

Weidegang – eine Wohltat für Körper und Seele

Auch gelegentliches Wälzen gehört dazu, wenn ein Pferd sich richtig wohl fühlen soll.

Die reizarme Umgebung führt bei vielen Pferden zu geistiger Verarmung und innerem Rückzug.

Auswirkungen auf die Psyche des Pferdes

Wie würden Sie sich fühlen, müssten Sie den größten Teil Ihres Tages in einem Wohn-Schlaf-Klo mit Essensausgabe verbringen – ohne Fernseher, ohne Bücher, ohne Telefon, vielleicht sogar ohne Kontakt zum Nachbarn? Wahrscheinlich würden Sie sich entsetzlich langweilen. Unseren Pferden geht es wohl auch so. Um sich irgendwie zu beschäftigen, gewöhnen sich manche Pferde stereotype Verhaltensweisen an wie Koppen, Weben, Holzknabbern oder das Entlangschrabben an Gitterstäben mit den Zähnen, um nur einige dieser oftmals leichtfertig als „Macken" abgetanen Verhaltensstörungen zu nennen. All diese Untugenden haben zwei Dinge gemeinsam: Sie treten in der Regel nur bei Pferden auf, die überwiegend eingesperrt sind, und es sind allesamt Hilfeschreie der Psyche des Pferdes nach Abwechslung, Bewegung und sozialem Kontakt. Hat sich ein Pferd eine dieser Stereotypien einmal angeeignet, ist diese kaum mehr abzustellen. Zwangsmaßnahmen wie Kopperriemen oder Anbinden verdecken bestenfalls die Symptome, die Ursachen bleiben davon jedoch unberührt. Nur eine völlige Veränderung der Lebens- und Haltungsbedingungen, die es dem Pferd ermöglicht, sein psychisches Gleichgewicht wiederzufinden, bietet überhaupt eine Chance auf Heilung.

Leidet Ihr Pferd an einem dieser Symptome? Betrachten Sie seine Lebensumstände und versuchen Sie, ihm so viel wie möglich an Abwechslung, Bewegung und sozialem Kontakt zu ermöglichen.

Beim Koppen erzeugt das Pferd durch Luftschlucken ein rülpsendes Geräusch.

Check

Wie sind die Lebensumstände meines Pferdes?

- Box ohne Kontakt zu Artgenossen
- Box mit Kontakt zu Artgenossen
- Außenbox
- Box mit Paddock
- Box mit täglichem Koppelgang
- Offenstallhaltung

Adieu Tristesse!
Wenn wir nach Lösungsmöglichkeiten Ausschau halten, dann bedeutet dies, einen Kompromiss zu finden, mit dem beide Partner, Mensch und Pferd, gut leben können. Das bedeutet allerdings vor allem, dass der Kompromiss nicht nur zu Lasten des Pferdes gehen darf. Sind auch Sie bereit, für das Wohl Ihres Pferdes Unannehmlichkeiten auf sich zu nehmen? Wenn Sie den Eindruck haben, die Haltungsform sei für Ihr Pferd nicht optimal, halten Sie nach Verbesserungsmöglichkeiten Ausschau. Hat Ihr Pferd zu wenig Kontakt zu Artgenossen, kann eine unvergitterte oder nur teilweise vergitterte Box bereits eine Entlastung sein. Außenboxen und Boxen mit Paddock sind bei Pferden sehr beliebt und stellen in den meisten Fällen einen guten Kompromiss dar.
Nicht für alle Pferde ist die Gruppenhaltung im Offenstall ein Segen. Rangniedrige Pferde kommen oftmals nicht ausreichend ans Futter, haben zu wenig ungestörte Ruhe und werden unter Umständen von Ranghöheren auch bei widrigen Wetterbedingungen nicht unter das schützende Dach gelassen. Sofern Sie Ihr Pferd im Offen-stall haben, beobachten Sie, ob es sich gut in die Gruppe integriert hat. Greifen Sie ein, wenn Ihr Pferd abmagert, bei der Arbeit ungewohnt lustlos ist oder Ihnen dauerhaft müde erscheint.

Ausritte in die Natur sind ein guter Ausgleich zur reizarmen Umgebung des Pferdestalls.

Mensch und Pferd haben unterschiedliche Vorstellungen von „geliebt werden"…

Ein psychisch ausgeglichenes Pferd erweist sich als widerstandsfähiger gegen Krankheiten und natürlich auch als kooperativer und leistungsbereiter bei der Arbeit. Die zusätzliche „Mühe" lohnt sich also auch für Sie.

Unsere Vorstellung von „geliebt werden"

Ist es Ihnen vielleicht auch schon so ergangen? Um dem Pferd ja gerecht zu werden, schnell vom Büro nach Hause, schnell umziehen und ab in den Stall.

Bei der Haltung im Offenstall ist zu beachten, dass die Pferde im Winter ein dickes Winterfell bekommen und so bei der Arbeit leichter schwitzen. Um Erkältungen zu vermeiden, ist es unerlässlich, die Pferde nach der Arbeit einige Zeit einzudecken und windgeschützt unterzubringen. Geschorene Pferde gehören auch mit Decke im Winter nicht in den Offenstall, da ihre natürliche Temperaturregelung unterbunden ist. Weide- oder Koppelgang sollte nicht zu den seltenen Highlights Ihres Pferdes gehören, sondern ein fester Bestandteil seines täglichen Lebens sein. Freilaufen in der Halle, spazierengehen, grasen lassen an der Hand, Massage, Bewegungsspiele oder Ähnliches sind gute Möglichkeiten, mehr Freude und Abwechslung in den tristen Alltag Ihres Pferdes zu bringen.

RECHTS: ***Achten Sie darauf, dass Sie Ihre Stimmungen beim Reiten nicht auf das Pferd übertragen.***

... und nicht immer werden unsere Bemühungen von den Pferden entsprechend honoriert...

... sie haben andere Wertigkeiten.

Draußen ist es finster und nasskalt; die Autofahrt eine Tortur. Erschöpft und gestresst kommen Sie endlich beim lieben Vierbeiner an. Doch statt einer liebevollen Begrüßung und Wertschätzung dieser Aufopferung erwartet Sie nur ein zugewandter Pferdehintern, vielleicht sogar noch ein angewidertes Nüsternkräuseln. Haben Sie das verdient?
Es ist dem Pferd schlichtweg egal, welche Unannehmlichkeiten wir auf uns nehmen. Ob wir seinetwegen auf einen Urlaub im Süden verzichten, wir uns jede Minute fürs Pferd dem Partner oder der Familie gegenüber erkämpfen müssen, wir unser Weihnachtsgeld in die Begleichung seiner Tierarztrechnung investiert haben. All dies scheint in der Welt des Pferdes keine Rolle zu spielen. Aus unserem menschlichen Blickwinkel heraus betrachtet, sind Pferde äußerst undankbare Wesen. Pferde lieben eben anders als wir. Pferde lieben denjenigen, der ihnen wie ein Leittier das Maß an Führung gibt, welches sie brauchen, um sich sicher beschützt und geführt zu fühlen, ohne dadurch unterdrückt zu werden. Sie merken schon, wollen wir von unserem Pferd geliebt werden, fordert das uns Menschen einiges ab. Unsere Leckereien nehmen Pferde sicher gerne an, doch Leittier werden wir für sie deshalb noch lange nicht. Auch das gut gemeinte „Mäntelchen", die teuren Gamaschen von XY finden nicht den von uns erhofften Anklang. Die Welt der Pferde hat ihre eigenen Gesetze und Wertigkeiten. Wünschen Sie sich eine partnerschaftliche, vertrauensvolle Beziehung zu Ihrem Pferd? Welcher Gestalt könnte diese Beziehung sein?

Die Beziehung von

Mensch und Pferd

Eine harmonische Beziehung von Mensch und Pferd entsteht dann, wenn der Mensch dem Pferd ein glaubhaftes, vertrauenswürdiges „Leittier“ geworden ist, dem es sich freiwillig und bedingungslos anschließen kann. Das erfordert vom Menschen ein gewisses Maß an „Pferdeverstand“ und ein hohes Maß an Achtsamkeit und Führungskompetenz.

Führungseigenschaften des Menschen

Stellen Sie sich bitte folgende Situation vor: Sie haben eine Reise in die Gebirgsregionen Nepals gewonnen. Sie selbst haben keine Ahnung, was Sie dort erwartet und haben keinerlei Erfahrung mit derartigen Exkursionen. Das Reisebüro stellt Ihnen jedoch einen Bergführer zur Seite, den Sie sich selbst wählen dürfen. Sie wissen, von diesem Führer wird Ihr Leben abhängen. Welche Eigenschaften dieses Führers wären Ihnen besonders wichtig? – Die Eigenschaften, die Sie von Ihrem Bergführer erwarten, erwartet auch ein Pferd von seinem Leittier – also von Ihnen!

Erleben, wie sich Führen und Geführtwerden tatsächlich anfühlt, können Sie in der nachfolgenden Übung. Bitten Sie einen Freund mitzumachen. Die Spielregeln: Ein Partner hat verbundene Augen, der andere bekommt die Aufgabe, seinen „blinden“ Partner zu führen und ihn gleichzeitig aber auch das Abenteuer Natur erleben zu lassen. Während der ganzen Übung wird nicht gesprochen. Der Führende ist dafür verantwortlich, dass seinem Partner nichts geschieht, er aber auch etwas erlebt. Ekelige, angsteinflößende oder gefährliche Aktionen sind tabu! Nach ca. 20 Minuten tauschen Sie die Rollen.
Kann Ihr Pferd Ihnen als Führer wirklich „blind“ vertrauen?

Pferdepflege ist wichtig; Bewegung und sozialen Kontakt unter Artgenossen kann sie jedoch nicht ersetzen.

Check

Bin ich ein gutes „Leittier“?

Ich besitze folgende Führungsqualitäten:

- Klare Körpersprache
- Sicheres Auftreten
- Konsequenz
- Erfahrung
- Verständnis und Fürsorge

Führen und geführt werden – eine gute Übung, um Führungsstärken und -schwächen an sich selbst zu erfahren.

Die gemeinsame Sprache

Möchten wir eine Beziehung zu einem anderen Wesen aufbauen, brauchen wir ein Mittel der Verständigung – eine gemeinsame Sprache, mit deren Hilfe wir uns austauschen können. Nun können wir natürlich darauf bestehen, dass das Pferd die unsere zu lernen hat. Verlangen wir da aber nicht ein wenig viel? Sicher können wir einem Pferd bestimmte Dinge nach dem Prinzip von Lob und Strafe antrainieren, ihm beibringen, welches Verhalten erwünscht und welches unerwünscht ist. Man spricht dann von Konditionierung. Mit Hilfe von Konditionierungen können wir bestimmte Verhaltensweisen abrufen – und das Pferd funktioniert. Aber Hand aufs Herz: Genügt es Ihnen, einen Partner zu haben, der nur unter mehr oder weniger starkem Druck „funktioniert“? Wünschen Sie sich nicht auch eine lebendige Beziehung, ein gegenseitiges Sich-Austauschen, gegenseitiges Verständnis? Wie wäre es, wenn wir Menschen die Sprache des Pferdes erlernten? Haben Sie Lust? Betrachten wir doch gemeinsam, was Pferde so mitteilen. Sie werden erstaunt sein, wie „gesprächig“ Pferde sind.

Nehmen wir ein ganz alltägliches Beispiel: Ich wurde gebeten, mir ein so genanntes „Problempferd“ anzuschauen. Die Besitzerin öffnete die Boxtüre und das Pferd drängte hinaus. Automatisch wich die Frau zurück und hatte Mühe, mit fuchtelnden Bewegungen zu ver-

Das Erlernen der Pferdesprache öffnet den Weg zu einer harmonischen, vertrauensvollen Beziehung zwischen Mensch und Pferd.

Vertrauensvoll schließt sich das Pferd seiner zweibeinigen „Leitstute" an.

hindern, dass das Pferd aus seiner Box stürmte. Aus der Sicht des Pferdes wurde in dieser Situation Rangordnung geklärt. Das Pferd wollte hinaus, drängte zur Tür und veranlasste seine Besitzerin, ihm Platz zu machen. Auf „Pferdisch" bedeutete dies, wer ausweicht,

ist rangniedriger. Darüber hinaus unterschritt das Pferd dabei auch die angemessene Distanz zum anderen und betrat unaufgefordert dessen „Privatsphäre" – das kann in der Pferdeherde nur ein ranghöheres Tier. Für Pferde ist es lebenswichtig, immer ganz klar zu wissen, wer als ranghöher einzustufen ist. Es ist demnach völlig legitim, dass das Pferd auch uns Menschen diesbezüglich prüft. Das Pferd ist weder böse noch schwierig, es versucht lediglich herauszufinden, welchen Platz es in der „Herde" hat. Es liegt an uns, diese Pferdesignale wahrzunehmen und entsprechend darauf einzugehen. Sollten Sie in ähnliche Situationen geraten, nehmen Sie sich einen Führstrick zur Hand und lassen Sie das Ende, welches keinen Haken hat, von hinten nach vorn kreisen. Wenn Sie die Boxtüre öffnen, halten Sie mit Ihrem kreisenden Strick das Pferd auf Abstand. Weicht das Pferd zurück, stoppen Sie Ihr Kreisen und loben Sie das Pferd. Ist Ihre Botschaft klar angekommen, wird das Pferd ruhig auf

LINKS: ***Nähe ist dann stimmig, wenn das Pferd den Menschen als ranghöher akzeptiert.***

Mit Seil und Gerte lässt sich das Pferd auf angemessener Distanz halten.

W Wichtig

Nähe und Distanz sind für Pferde wichtige Informationen bezüglich der Rangordnung. Achten Sie darauf, dass Sie bestimmen, welcher Abstand des Pferdes zu Ihnen angemessen ist, und setzen Sie dem Pferd eindeutige Grenzen.

Abstand stehen bleiben und abkauen. Abkauen ist eine Kaubewegung ohne Futter, welche Akzeptanz und Entspannung signalisiert. Definieren Sie auf diese Weise den angemessenen Abstand zwischen Ihnen und Ihrem Pferd. Wichtig dabei ist, dass Sie dem Pferd nicht nachgehen! Halten Sie es nur von sich fern. Ihre Aktion sollte auf jeden Fall klar, entschlossen, aber ohne jegliche Aggression ausgeführt werden.

T Tipp

Um Ihr Pferd auf Abstand zu halten, lassen Sie einen Führstrick (Haken in der Hand behalten!) oder ein Seil von hinten nach vorn kreisen. Tun Sie dies klar, entschlossen, jedoch ohne Hast oder Aggression.

Auf diese Weise können Sie mit einfachen Mitteln klare Grenzen ziehen. Das ist eine Sprache, die Ihr Pferd aus seiner Welt, der Welt der Herde, kennt. Nähe und Distanz sind für das Pferd wichtige Indikatoren für die Rangordnung. Diese Regeln braucht es nicht erst zu lernen, es kennt sie bereits.

Beobachten Sie sich selbst im Zusammensein mit Ihrem Pferd. In welchen Situationen agieren Sie und Ihr Pferd reagiert auf Ihre Anweisungen, und in welchen Momenten reagieren Sie auf die Aktionen Ihres Pferdes? Wer agiert, der führt.

Führen Sie zum Beispiel Ihr Pferd über den Hof und es bleibt plötzlich stehen, sind Sie in der Regel gezwungen, auch stehen zu bleiben. Das Pferd hat Sie zum Stehen gebracht und in diesem Moment die Führung übernommen. Wenn wir nun nicht eingreifen und das Pferd aktiv zum Weitergehen veranlassen, sondern warten, bis das Pferd von sich aus beschließt weiterzugehen, entsteht für das Pferd der Eindruck, es sei der Führende. Kommt es häufig zu derartigen Missverständnissen zwischen Mensch und Pferd, wird das Pferd bestärkt in der Annahme, Führung übernehmen zu müssen und wird mit mehr oder weniger heftigem Widerstand reagieren, wenn der Mensch von ihm etwas verlangt. Widersetzlichkeiten der Pferde haben in den allermeisten Fällen derartige, eigentlich sehr banale Vorgeschichten, die sich meist häufig und über längere Zeiträume hinweg abgespielt haben. Wenn Sie die Welt mehr und mehr aus der Sicht des Pferdes betrachten, werden Sie in diesen Situationen die eigentliche Absicht des Pferdes erkennen und bewusster damit umgehen. Es sind meist die kleinen, alltäglichen Begebenheiten, in denen die Rangordnung zwischen Mensch und Pferd geklärt wird. Spektakuläre Szenen auf Shows und bei großen Medienereignissen sind oftmals aufgebauscht und gehen am eigentlichen Beziehungsleben von Mensch und Pferd vorbei. Beziehungen werden im Alltag geprägt, nicht in der Showarena. Je besser Sie die Sprache der Pferde beherrschen, desto konfliktärmer und harmonischer wird Ihr Zusammensein mit dem Pferd.

C Check

Gelungene Partnerschaft zwischen Mensch und Pferd

Was sind für Sie wichtige Elemente einer Partnerschaft?	Prioriät (1 = gering, 5 = sehr hoch)
____________________	__________
____________________	__________
____________________	__________
____________________	__________
____________________	__________

Partnerschaft mit Pferden

Ich gehe nun einfach davon aus, dass Sie nicht zu den Menschen gehören, die im Pferd ein reines „Material“ sehen,

Ist die Rangordnung geklärt, wird das Zusammensein immer entspannter.

Respekt und Vertrauen auf beiden Seiten sind die Voraussetzung für ein partnerschaftliches Miteinander.

W **Wichtig**

Machen Sie Ihr Pferd niemals zum Verlierer!

welches seine Existenzberechtigung aus seiner Zweckbestimmung erfährt, sondern dass Ihr Pferd für Sie einen Partner darstellt, der Ihnen wichtig ist und dem Sie sich auch emotional verbunden fühlen. Was können wir Menschen tun, um die Beziehung von Mensch und Pferd zu einer gelungenen, erfüllten Partnerschaft zu machen?
In einer echten Partnerschaft gibt es keinen Gewinner und keinen Verlierer.

Es genügt auch nicht, dass einer das Sagen hat und der andere sich seinen Vorstellungen blind anpasst oder unterwirft. Partnerschaft bedeutet immer, sich gegenseitigen Respekt zu erweisen, den eigenen Anteil an Verantwortung für das Gelingen der Partnerschaft zu übernehmen und die Andersartigkeit des Partners anzuerkennen und zu respektieren. Machen Sie Ihr Pferd niemals zum Verlierer. Stecken Sie klar und konsequent notwendige Grenzen ab und klären Sie Konfliktsituationen mit Ihrem Pferd auf eine Art und Weise, die es verstehen kann. Wenn Sie Ihr Pferd zum Verlierer machen, wird es alles daran setzen, Schwachstellen an Ihnen zu finden und im rechten Augenblick auch zu nutzen. Manchmal resignieren Pferde auch und verrichten fortan nur noch lustlos ihren „Frondienst". Jeglicher Glanz scheint diesen Pferden abhanden gekommen zu sein. Lassen Sie es nicht so weit kommen!

T **Tipp**

Wenn Sie mal wenig Zeit für Ihr Pferd erübrigen können, nutzen Sie die wenige Zeit, um Ihr Pferd sinnvoll zu bewegen. Von einer halben Stunde konzentrierter oder spielerischer Arbeit in Schritt, Trab und vielleicht etwas Galopp hat es mehr als von reiner Körperpflege. Verzichten Sie aber bitte darauf, Ihr Pferd wild herumzujagen. Dies entspricht keineswegs dem natürlichen Bewegungsbedürfnis des Pferdes und stellt für noch kalte, steife Muskeln und Gelenke ein erhöhtes Verletzungsrisiko dar.

Pferde sind kein Ersatz für ...

Durch meine Seminartätigkeit bin ich in den letzten Jahren mit vielen Menschen und Pferden zusammengekommen, habe vieles erlebt, was an Konfliktpotential in der Begegnung von Mensch und Pferd steckt. Eines der Hindernisse für ein partnerschaftliches Miteinander liegt meiner Erfahrung nach in der Grundmotivation des Menschen, die dazu führt, dass das Pferd nicht mehr Pferd sein kann. Ich begegnete Pferden, hübsch herausgeputzt, immer im passenden Outfit, für jede Witterung gab es das richtige Mäntelchen. Die Pferde waren mit immensem Zeitaufwand und viel Hingabe stundenlang „geschniegelt und gebügelt" worden – wogegen ja erst mal nichts einzuwenden wäre – nur, außer Pflege gab es dann oft nichts. Frisch geputzt wurden sie danach wieder in ihre Boxen gestellt.

Wichtig

Wenn Sie Ihr Pferd lieben, lieben Sie es als Pferd, und setzen Sie alles daran, seine Bedürfnisse, die Bedürfnisse eines Pferdes, zu erfüllen.

Eine Frau von Mitte vierzig erklärte mir, ihr Pferd bedeute alles für sie, es sei das Wichtigste in ihrem Leben; ihm könne sie ihre ganze Liebe geben, nachdem ihr Mann sie verlassen habe und ihr Kinderwunsch unerfüllt blieb. Damit ihrem Pferd nichts passieren konnte, durfte es nicht mit andern Pferden auf die Koppel. Stattdessen wurde es von ihr nach ausgiebiger Körperpflege kurz longiert, im perfekten Outfit, versteht sich. Das Pferd zerrte sie dabei forsch durch die Halle und scherte sich überhaupt nicht um ihre Ermahnungen: „Sei ein braves Pferd! Du weißt doch, dass man das nicht macht! Sei schön artig!" Manche Menschen scheinen ihren Pferden zu gehören, ohne es zu merken. Lassen Sie Ihr Pferd Pferd sein und lieben Sie es als das, was es ist – ein Pferd. Es kann weder das Kind sein, das Sie gerne gehabt hätten, noch kann es den Platz eines menschlichen Lebenspartners ausfüllen.

LINKS: ***Erhalten Sie den Stolz Ihres Pferdes – Machen Sie es niemals zum Verlierer!***

C Check

Eigenschaften meines Pferdes

Wie würden Sie die körperlichen Merkmale und Charaktereigenschaften Ihres Pferdes beschreiben?

- ______________________
- ______________________
- ______________________
- ______________________
- ______________________

Mein Pferd aus der Sicht eines neutralen Beobachters

Betrachten Sie Ihr Pferd aus der Sicht eines neutralen Beobachters:	Merkmale
Fell	______
Ohren	______
Augen	______
Kopf	______
Rumpf	______
Gliedmaßen	______

Betrachten Sie das Besondere und verzichten Sie darauf, Ihr Pferd in eine „Schublade“ zu stecken.

Verstehen, Verständnis und Kommunikation

Achtsamkeit statt Vorurteil

Um Ihr Pferd und seine vielleicht noch unentdeckt gebliebenen Qualitäten kennen zu lernen, nehmen Sie sich ein wenig Zeit, legen Sie sich Schreibzeug parat und suchen Sie sich einen Platz, von dem aus Sie Ihr Pferd ungestört beobachten können. Stellen Sie sich nun vor, Sie würden längere Zeit ohne Ihr Pferd in Urlaub gehen und würden demjenigen, der in Ihrer Abwesenheit Ihr Pferd zu betreuen hat, Ihr Pferd beschreiben und ihm wichtige Hinweise zu seiner körperlichen Konstitution und seinem Charakter geben.
Wenn Sie dies getan haben, vergessen Sie für einen Moment alles, was Sie sich

an Urteilen über Ihr Pferd bereits gebildet haben. Sehen Sie es mit neuen Augen, betrachten Sie es, als sähen Sie es zum ersten Mal. Notieren Sie sich alles, was Ihnen als neutraler Beobachter auffällt. Achten Sie auf Details und schreiben Sie sie ohne sie zu bewerten

W Wichtig

Lernen Sie aufmerksam zu beobachten und verzichten Sie darauf, Ihr Pferd zu etikettieren und in „Schubladen" zu stecken.

auf. Beginnen Sie mit einfachen körperlichen Merkmalen. Fell, Ohren, Augen ... Nachdem Sie sich alles, was Sie an Ihrem Pferd wahrgenommen haben, notiert haben, konzentrieren Sie sich nun auf die Beantwortung dieser Frage: Was ist an meinem Pferd besonders schön? Finden Sie hierfür mindestens 10 Punkte. Nehmen Sie Ihre Kritikerbrille ab und betrachten Sie Ihr Pferd mit wohlwollenden Augen.
Vergleichen Sie nun Ihre Aufzeichnungen. Verändert sich Ihr Gesamtbild im Bezug auf Ihr Pferd?
Werden Sie zum achtsamen Beobachter Ihres Pferdes und verzichten Sie darauf, es zu etikettieren und in eine bestimmte Schublade zu stecken. Beliebte Schubladen sind „Spinner", „faul", „stur", „Angsthase", „Trottel", „Hektiker", „Weibergaul", „mag Männer nicht", „Zicke" und viele mehr. Sollten Sie auch derartige Schubladen vorpräpariert haben, leeren Sie sie bitte alle aus und „mischen Sie die Karten neu".
Ihr Pferd hat viele Facetten, und es hängt auch von Ihrer eigenen Einstellung und Erwartungshaltung ab, welche Seite Ihres Pferdes sich zeigt. Das, was Sie erwarten, beeinflusst Ihr Verhalten, und durch Ihr Verhalten beeinflussen Sie Ihr Pferd. Man nennt dies den „Pygmalioneffekt".

C Check

Was ist an meinem Pferd besonders schön?

- ______________________
- ______________________
- ______________________
- ______________________
- ______________________

T Tipp

Ihr Verhalten lässt möglicherweise Rückschlüsse auf Ihre Einstellung zu. Bitten Sie doch einmal einen Freund, Sie im Umgang mit Ihrem Pferd zu beobachten.

Check

Wie wirkt mein Pferd auf mich?

- Ist es dem Menschen zugewandt? ____________
- Wohin orientiert es sich? ____________
- Welche Verhaltensweisen zeigt es? ____________
- Welche Verhaltensweisen könnte es zeigen (im Vergleich mit anderen Pferden), tut es aber auffälligerweise nicht? ____________

Was ist mein Pferd für ein Typ?
Wenn Sie Ihr Pferd freilaufend oder zusammen in einer Pferdegruppe beobachten, was fällt Ihnen auf? Wie wirkt es auf Sie?
Ist Ihr Pferd stolz und selbstbewusst oder eher unsicher und ängstlich? Ist es kontaktfreudig oder eher ein Einzelgänger? Ist es dem Menschen zugewandt oder hält es sich lieber in möglichst großer Distanz zum Menschen auf? Sucht es Kontakt zum Menschen oder orientiert es sich ausschließlich an seinen Artgenossen? Was tut Ihr Pferd – und was tut es nicht? Lernen Sie aufmerksam zu beobachten und sammeln Sie, ohne das Wahrgenommene zu beurteilen, Informationen.

In wissenschaftlichen Studien fand man heraus, dass durchschnittlich intelligente Schüler, die ihrem Lehrer als Schüler mit sehr hohem IQ (Intelligenzquotient) vorgestellt wurden, ihre Leistungen erheblich verbesserten, während die Vergleichsgruppe, die ihrem Lehrer als wenig intelligent vorgestellt wurde, sich daraufhin verschlechterte. Starke Erwartungen schaffen Realität! In welchen Bereichen möchten Sie Ihre Einstellung zu Ihrem Pferd verändern? Betrachten Sie Ihre Beurteilungen als eine Momentaufnahme und hüten Sie sich davor, Ihr Pferd dauerhaft abzustempeln. Denken Sie an den Pygmalioneffekt.

Jedes Pferd ist eine einzigartige Persönlichkeit.

Nicht nur wir Menschen haben Figurprobleme.

Wie ist der Ernährungszustand meines Pferdes?

Betrachten Sie Ihr Pferd ganz nüchtern. Was fällt Ihnen an seiner körperlichen Erscheinung auf? Ist sein Körper wohlgeformt und athletisch oder hat es eher wenig Muskeln, dafür aber einen dicken Bauch? Sind seine Rippen sichtbar? Hat es Speckpolster auf der Kruppe? Wie ist es bemuskelt? Wenn es ein Reitpferd ist, wie ist seine Rückenmuskulatur beschaffen? Kräftig und tragfähig oder tritt die Wirbelsäule deutlich hervor und es entsteht der Eindruck, das Pferd mache ein „Hohlkreuz"? Wie ist das Fell Ihres Pferdes beschaffen? Glatt, dicht und glänzend oder struppig und stumpf? Wie kommt es mit dem Fellwechsel zurecht? Trägt es im Sommer noch Teile des Winterfells? Sammeln Sie diese Informationen schriftlich und kreuzen Sie die Punkte an, bei denen Sie den Eindruck haben, hier sollte etwas verändert werden.

Hat Ihr Pferd zu wenig Muskulatur, dann überdenken Sie Ihre Reitweise und Ihre Trainingsmethoden. Ist der Futterzustand nicht in Ordnung, verän-

C *Check*

Der körperliche Zustand meines Pferdes

Merkmale

- ◯ Ernährungszustand gut
- ◯ Zu dick
- ◯ Zu dünn
- ◯ Fell glatt, dicht, glänzend
- ◯ Fell struppig, stumpf
- ◯ Augen wach, glänzend
- ◯ Athletischer Körperbau
- ◯ Gut ausgeprägte Rückenmuskulatur
- ◯ Weggedrückter Rücken, „Hohlkreuz"
- ◯ Gut bemuskelte Kruppe
- ◯ Hals mit ausgeprägter Oberlinie
- ◯ Unterhals
- ◯ Hufe korrekt zugerichtet
- ◯ Hufhorn brüchig

Beide Porträts zeigen dasselbe Pferd, am selben Tag, in einem zeitlichen Abstand von ca. 2 Stunden.

dern Sie den Speiseplan Ihres Pferdes. Störungen beim Fellwechsel könnten auf Stoffwechselprobleme hinweisen. Sprechen Sie mit kompetenten Fachleuten und machen Sie sich kundig.

Wie ist die Stimmungslage meines Pferdes?

Jeder Tag ist anders. Auch Pferde sind bestimmten Stimmungen unterworfen. Auf einem partnerschaftlichen Weg gehört es auch dazu, auf das Pferd einzugehen und es dort abzuholen, wo es gerade stimmungsmäßig steht. Was zählt, ist die Qualität des Augenblicks: Welchen Zustand finde ich im Moment vor? Was ist jetzt angesagt? Steht Ihr Pferd vielleicht vollgefressen dösend in seiner Box, erwarten Sie nicht von ihm, dass es sich sofort für große Aktivität begeistern lässt. Gehen Sie's langsam an. Stand Ihr Pferd vielleicht bei sommerlichen Temperaturen stundenlang auf der Koppel, wundern Sie sich nicht, wenn es vielleicht etwas müde und träge ist. Gab es Aufruhr im Stall oder auf der Weide, akzeptieren Sie, dass Ihr Pferd nun erst mal etwas aufgebracht ist und eine Weile braucht, bis es zur Ruhe kommt. Gehen Sie mit Ihrem „Trainingsprogramm“ so weit als möglich auf den momentanen Zustand Ihres Pferdes ein und versuchen Sie langsam, das Pferd für das zu begeistern, was Sie ursprünglich vor hatten. Das er-

Im Ausdruck spiegelt sich eine völlig veränderte Stimmungslage wider.

hält die Motivation Ihres Pferdes und bewahrt Sie zugleich vor enttäuschten Erwartungen. Ihr Pferd hat viele Gesichter; entdecken Sie sie und erweitern Sie die Bandbreite der Begegnungsmöglichkeiten.

W Wichtig

Achten Sie die unterschiedlichen Befindlichkeiten Ihres Pferdes und berücksichtigen Sie diese, wenn möglich, in Ihrem Trainingsplan. So erhalten Sie die Grundmotivation Ihres Pferdes und bewahren sich und Ihr Pferd vor unnötigen Enttäuschungen.

Wie sieht Ihr Begrüßungsritual aus?

Wie begrüßen wir uns?

Vielleicht besuchen Sie Ihr Pferd nahezu täglich, doch haben Sie schon einmal bewusst darauf geachtet, wie Ihr Begrüßungsritual abläuft? Wie reagiert Ihr Pferd auf Ihr Erscheinen? Kommt es Ihnen freudig entgegen? Wendet es sich desinteressiert oder widerwillig ab? Läuft es weg, wenn Sie mit dem Halfter kommen? Drängt es aus der Box? Fängt es frech zu betteln an? Wie begrüßen Sie Ihr Pferd? Kommen Sie gleich zur Sache und streifen Ihm das Halfter über? Schieben Sie ihm zur Begrüßung einen Leckerbissen ins Maul? Schauen Sie Ihr Pferd bewusst an und nehmen Blickkontakt auf, oder nehmen Sie nur wahr, dass es im Mist gelegen hat? Begegnen Sie Ihrem Pferd bewusst und begrüßen Sie es wie einen Freund: freudig und wertschätzend und mit Augenkontakt. Die Augen, sagt man, seien das Fenster zur Seele. Der erste Kontakt ist wichtig – für beide Seiten. Seien Sie offen für Ihre eigenen Empfindungen und erspüren Sie, wie es Ihrem Pferd gerade geht.

Tipp T

Begegnen Sie Ihrem Pferd bewusst und begrüßen Sie es wie einen guten Freund. Schauen Sie ihm in die Augen und machen Sie dabei auch Ihr eigenes „Seelenfenster“ auf. Genießen Sie die Verbindung, die dabei entsteht.

C Check

Was mag mein Pferd beim Putzen besonders gern?

- ____________________
- ____________________
- ____________________
- ____________________
- ____________________

Was mag mein Pferd beim Putzen besonders?
Kennen Sie die Lieblingsstellen Ihres Pferdes? Wo genießt es Ihr Pferd gestriegelt zu werden? An welchen Stellen reagiert es empfindlich? Ist Ihr Pferd kitzelig? Das Putzen des Pferdes ist viel mehr als ein Saubermachen. Es entspricht der sozialen Fellpflege innerhalb der Herde und ist ein Austausch von Nähe und Intimität. Es hat einen emotionalen und verbindenden Charakter.

W Wichtig

Putzen entspricht der sozialen Fellpflege unter Artgenossen und ist ein Austausch von Nähe und Intimität. Striegeln Sie Ihr Pferd bewusst. Verwöhnen Sie es an seinen Lieblingsstellen und gehen Sie behutsam an den Stellen vor, die dem Pferd unangenehm sind.

Beim Striegeln entsteht Nähe und Intimität – wenn Sie es zulassen.

Ob es Ihnen bewusst ist oder nicht, beim Putzen teilen Sie dem Pferd vieles mit. Zum Beispiel, in welcher Stimmung Sie selbst sind. Sind Sie ärgerlich und schrubben wild an Ihrem Pferd herum oder traurig und striegeln mit langsamen, kraftlosen Strichen sein Fell, oder sind Sie vielleicht ungeduldig und alles kann Ihnen nicht schnell genug gehen? Ihr Pferd nimmt all dies wahr, und sie „massieren" ihm beim Putzen auch Ihre eigene Stimmung ins Fell. Ihre Nervosität und Hektik wird sich übertragen, ebenso wie Ihr Frust, oder auch Ihre Freude und Ihre Begeisterung. Schrubben Sie Ihr Pferd bitte nicht einfach gedankenlos ab, behandeln Sie es beim Putzen so, wie Sie selbst von einem Masseur behandelt werden möchten. Erwarten Sie nicht auch, dass ein Masseur an den Stellen vorsichtiger ist, die Ihnen unangenehm sind? Wie würden Sie sich fühlen, wenn keiner auf Ihre Signale eingehen würde, einfach weiter an Ihnen rumschrubbt und -knetet, egal wie es Ihnen dabei geht?

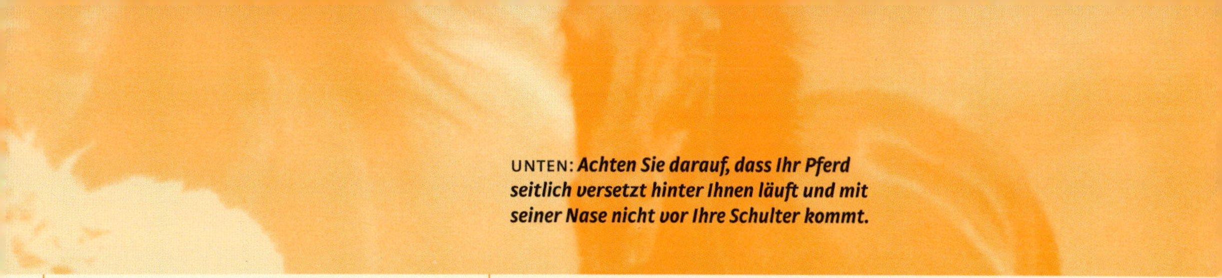

UNTEN: ***Achten Sie darauf, dass Ihr Pferd seitlich versetzt hinter Ihnen läuft und mit seiner Nase nicht vor Ihre Schulter kommt.***

Wie verhält sich mein Pferd beim Führen?

Was geschieht, wenn Sie Ihr Pferd mit Halfter und Strick führen? Geht es willig mit, oder rammt es demonstrativ die Vorderfüße in den Boden? Versucht es zu überholen? Zerrt es Sie mit und Sie haben Mühe, Schritt mit ihm zu halten? Reißt es Ihnen beinahe den Arm aus, nur um einen Grasbüschel am Wegrand zu ergattern? Versucht es auszubrechen oder sich gar loszureißen? Versuchen wir doch einfach einmal, wie ein Pferd zu denken. In der Herde geht die Leitstute vorneweg – sie führt an. Der Rest der Herde folgt in der festgelegten Rangordnung. Es geht demnach der Rangniedrige hinter dem Ranghöheren. Wer anschafft, geht vorn! Will Ihr Pferd beim Führen überholen, stellt es gleichsam die Rangordnung zwischen Ihnen und Ihrem Pferd in Frage. Lassen Sie dies zu, wird das Pferd in seiner Annahme bestätigt, dass es ranghöher ist als Sie. Wollen wir diesen Konflikt pferdegerecht lösen, müssen wir unsere Führposition überdenken. So, wie Führen von Pferden in der Regel gelehrt wird, nämlich auf Höhe des Pferdehalses oder der Schulter und mit kurzem Führstrick dicht am Pferd, gibt es aus der Sicht des Pferdes gleich zwei Widersprüche. Zum einen zwingen wir das Pferd durch den kurzen Strick, sehr dicht, also in der „Privatsphäre" des Menschen zu gehen, was die Rangordnung in Frage stellen könnte, zum anderen geht eigentlich dabei das Pferd vorn und ist dadurch führend.

Folgende Führweise hat sich bewährt: Verwenden Sie statt eines kurzen Führstricks ein längeres Führseil. Damit kann das Pferd einen größeren Abstand zu Ihnen einhalten. Das Seil sollte immer leicht durchhängen. Veranlassen Sie das Pferd, schräg versetzt hinter

Wichtig W

Bei Pferden heißt es, wer anschafft, geht vor. Achten Sie deshalb darauf, dass Ihr Pferd Sie beim Führen nicht überholt.

Pferde arbeiten in der Regel gerne mit, ...

... sofern ihnen die Freude daran nicht vergällt wird.

Ihnen zu gehen; so, dass die Nase des Pferdes auf jeden Fall hinter Ihrer Schulter bleibt. Lassen Sie nicht zu, dass das Pferd Sie überholt. Schlingern Sie in diesem Fall mit dem Seil oder hindern Sie es durch Vorzeigen einer Gerte am Überholen. Untergräbt Ihr Pferd Ihren Führungsanspruch, indem es nicht mitläuft, sondern stehen bleibt, treiben Sie es entschlossen und konsequent mit Hilfe einer langen Gerte oder Fahrpeitsche von hinten an. Seien Sie hier unbedingt konsequent. Achten Sie auch darauf, dass das Pferd nie direkt hinter Ihnen geht. Zum einen ist dies gefährlich, weil das Pferd, wenn es erschrickt, Sie von hinten umrennen könnte; zum anderen sind Sie dann auch nicht mehr der oder die Führende, sondern ein Getriebener. Das Pferd treibt Sie aus dieser Position von hinten wie der Leithengst seine Herde. Damit ist Ihr Führungsanspruch dahin.

Gut möglich, dass Ihr Pferd anfangs widersetzlich darauf reagiert, wenn Sie eindeutig vorn gehen; daran merken Sie, dass es um etwas für das Pferd sehr Bedeutsames geht, nämlich um Rangordnung. Nach anfänglichen „Prüfungen und Rückfragen“ des Pferdes werden Sie sehr bald feststellen, dass es sich ruhiger, zufriedener und gelassener führen lässt.

Hat mein Pferd Freude an der gemeinsamen Arbeit?

Heikle Frage, nicht? Wie reagiert Ihr Pferd darauf, wenn Sie mit Halfter, Zaumzeug und Sattel anmarschiert kommen? Kommt es interessiert auf Sie zu? Wendet es sich angewidert ab? Lässt es sich womöglich auf der Koppel

UNTEN: ***Lassen Sie Ihr Pferd bei der Fellpflege „mitreden". Es signalisiert Ihnen, was es mag und was es nicht mag.***

Wichtig

Wenn Ihr Pferd nicht freudig mitmacht, stempeln Sie es nicht einfach als „faul" ab. Machen Sie sich Gedanken darüber, welche Ursachen diese Unlust haben könnte, und auf welche Weise Sie diesen Zustand verändern können. Mag sein, dass es Pferde unterschiedlichen Temperaments und unterschiedlichen Bewegungsbedürfnisses gibt; freudig, motiviert und begeistert können jedoch alle sein.

gar nicht einfangen? Wie reagiert Ihr Pferd bei der Arbeit? Ist es motiviert und begeistert, oder macht es schon ein „langes Gesicht", wenn Sie nur mit ihm die Reithalle oder den Platz betreten? Geht Ihr Pferd gerne mit Ihnen ins Gelände, oder ist es immer ein Kampf, es vom Reitstall wegzubringen? Wie sieht Ihr Pferd nach der Arbeit aus? Ist es zufrieden und entspannt? Lässt es deprimiert und lustlos den Kopf hängen? Eilt es schnell in seine Box, oder verweilt es noch gerne bei Ihnen?

Welche Beschäftigungen liebt mein Pferd besonders?

Fressen? Na gut, das tun Pferde (und wir Menschen) wohl alle gerne. Darüber hinaus gibt es aber auch noch viele andere beliebte Aktivitäten. Beobachten Sie Ihr Pferd. Mag es Berührungen, wie zum Beispiel beim Striegeln oder bei der Massage? Lässt es sich nicht so gerne anfassen und hält lieber etwas mehr Distanz? Genießt es im Sommer abgespritzt zu werden? Geht es gerne ins Wasser oder ist es wasserscheu? Ist Ihr Pferd begeistert, wenn es eine neue Lektion lernen darf? Liebt es die Arbeit an der Hand oder Zirkuslektionen? Wird es besonders aufmerksam, wenn es um versammelte Lektionen geht und es sich stolz präsentieren darf? Springt es gerne? Geht es freudig mit Ihnen ins Gelände? Schnaubt es zufrieden ab, wenn Sie mit ihm spazieren gehen? Grunzt es vielleicht behaglich, wenn Sie es nach der Arbeit an der Hand grasen lassen?

Wichtig

Ergründen Sie die Vorlieben Ihres Pferdes, nehmen Sie bewusst wahr, woran Ihr Pferd Freude hat, und freuen Sie sich mit ihm!

Vertrauen

Vertraut Ihnen Ihr Pferd auch in Konfliktsituationen? Vertrauen Sie Ihrem Pferd? Wie reagieren Sie, wenn eine unerwartete Situation eintritt, gehen Sie dann auf Nummer Sicher und nehmen erst mal die Zügel kurz? Neigen Sie dazu, einen inneren „Horrorfilm“ zu produzieren, indem Sie sich mögliche Katastrophen plastisch ausmalen? Sieht Ihr Pferd überall Monster und Gespenster? Unsere menschlichen Befürchtungen lassen sich wohl weitaus schwieriger in den Griff bekommen als die unserer Pferde. Pferde vertrauen dem, der sie im positiven Sinne dominiert. Die Leittiere der Herde genießen das uneingeschränkte Vertrauen ihrer Herdenmitglieder. Sie führen klar und konsequent, tragen die volle Verantwortung für die Gemeinschaft und werden vom Herdenverband respektiert, aber nicht gefürchtet. Die Leittiere dienen der Herde ja auch am meisten. Dieses tiefe Vertrauen, das Pferde zu ihren Leittieren empfinden, können sie auch zu uns Menschen entwickeln. Wichtig dabei ist, dass wir lernen, uns klar und eindeutig mitzuteilen. Gelingt dies, weiß jeder woran er ist, und das schafft bereits ein Stück Vertrauen. Pferde zeigen stets klar, was in ihnen vorgeht. Körpersprache und Absicht sind bei Pferden kongruent. Wir Menschen neigen zu Widersprüchen in Ausdruck und Absicht. Wir schütteln einander höflich die Hand und lächeln uns zu, obwohl wir unter Umständen dem anderen gar nicht wohlgesonnen sind. Undenkbar

W Wichtig

Pferde vertrauen dem, der Sie im positiven Sinne dominiert, wie zum Beispiel den Leittieren ihrer Herde.

UNTEN: ***Es ist ein Zeichen von Vertrauen, wenn ein Pferd sich mit etwas berühren lässt, das ihm eigentlich eher unheimlich ist.***

Machen Sie eine einladende Geste, wenn das Pferd Ihnen folgen soll.

Richten Sie sich innerlich und äußerlich auf, um das Pferd zu stoppen.

für Pferde. Damit Pferde uns verstehen können, sind wir gefordert, klar und eindeutig das auszudrücken, was wir meinen und möchten. Eindeutige Gesten und Signale gehören dazu. Probieren Sie doch einmal Folgendes aus: Geben Sie Ihrem Pferd vom Boden aus zu verstehen, dass es stehen bleiben soll, und zwar so, wie Sie es immer tun. Hat Ihr Pferd sofort richtig reagiert? Ja? Prima, dann haben Sie bereits eine gute Kommunikationsebene gefunden. Nein? Dann versuchen Sie es mal auf diese Art: Machen Sie sich bewusst, was alles zum „Stopp" gehört: sich zur vollen Größe aufrichten, sich aufbauen, selbst stehen bleiben und Einhalt gebietend die Hand heben. Nicht zu vergessen, Ihre innere Haltung. Stellen Sie sich vor, Sie werden zum unüberwindlichen Hindernis, zum Felsen, der sich vor dem Pferd auftut. Na, hat es so besser geklappt? Üben Sie sich klar auszudrücken. Lassen Sie das, was Sie wollen, auch wirklich nach außen hin sichtbar werden. Übertreiben Sie die Gesten anfangs ruhig ein wenig. Der nächste Schritt wäre konsequentes Handeln. Was immer Sie tun, tun Sie es ganz! Auf diese Weise wird Ihr Pferd Sie respektieren und auch auf immer feinere Signale reagieren. Es weiß, dass Sie das, was Sie tun, auch meinen, und dass kein Weg daran vorbeiführt. Durch entschlossenes, konsequentes Handeln suggerieren Sie dem Pferd auch, dass Sie eine gewisse innere Stärke haben, ähnlich dem Leithengst. Das Pferd fühlt sich bei Ihnen sicher.

Um Vertrauen entstehen zu lassen, ist jedoch noch mehr als klarer Ausdruck und konsequentes Handeln erforderlich. Ganz wichtig ist die emotionale Komponente. Vertrauen entsteht dort, wo Akzeptanz und Wertschätzung zu spüren sind. Loben Sie Ihr Pferd, bringen Sie ihm die größte Wertschätzung entgegen. Geben Sie ihm das Gefühl, zu Ihnen zu gehören. Achten Sie seine Bedürfnisse und hören Sie ihm aufmerksam zu. Denn Pferden zuzuhören ist weit wichtiger als sie zu „beflüstern".

Vorsicht,

„Fettnäpfchen"

Aus Sicht der Pferde treten wir unbewusst häufig ins „Fettnäpfchen". Hüten Sie sich davor, das Verhalten Ihres Pferdes als gemein oder bösartig zu interpretieren. Das, was das Pferd dabei herausfinden möchte, ist, welchen Rang wir innehaben und welche „Grenzüberschreitungen" wir zulassen. Es ist das gute Recht des Pferdes, auch uns Menschen auf unsere Führungsqualitäten hin zu prüfen. Dabei zeigt sich, ob wir vertrauenswürdige, kompetente „Leittiere" sind oder nicht.

Test für „Leittiere"

Bestrafen Sie Ihr Pferd für das Hinterfragen der Rangordnung bitte nicht; aber ziehen Sie klare Grenzen. Zwischen korrigieren und bestrafen gibt es einen bedeutenden Unterschied. Durch Korrigieren werden Sie die friedliche Akzeptanz des Pferdes erreichen, durch Bestrafung möglicherweise massiven Widerstand provozieren. Korrigieren bedeutet, das Pferd dazu zu bewegen, zum Beispiel einen zu weit gegangenen Schritt wieder zurückzugehen – nur diesen einen Schritt. Folgt das Pferd dieser Aufforderung, wird es gelobt. Der angemessene Abstand wird freundlich, aber bestimmt wieder hergestellt. Das, was aber leider immer wieder zu beobachten ist, sind Bestrafungsaktionen. Dabei wird das Pferd mehr oder weniger grob nicht nur den Schritt zu viel, sondern eine weitaus größere Strecke zurückgerichtet. Beschränken Sie sich auf das Korrigieren. Tun Sie dies ruhig und konsequent. Sie werden sehr bald feststellen, dass dies zu weit besseren Resultaten führt.

Mit Äpfeln oder Leckerlis kann man seinem Pferd zwar eine Freude machen, seinen Respekt und seine Zuneigung erlangt man dadurch jedoch nicht.

Benutzt Ihr Pferd Sie ab und zu gerne als Kratzbaum?

Der menschliche Kratzbaum – Scheuern

Finden Sie es nett, wenn Ihr Pferd sich in voller Montur, mit Zaumzeug und allem, was dazu gehört, an Ihnen reibt? Fühlen Sie sich bei so viel Liebesbedürftigkeit Ihres Pferdes geschmeichelt und nehmen dafür sogar blaue Flecke in Kauf? Ich fürchte, ich werde jetzt gleich eine Ihrer Illusionen zerstören müssen. Das, was Sie als liebevoll interpretieren, ist eine große Respektlosigkeit Ihres Pferdes. Es benutzt Sie als Kratzbaum und Sie rutschen in der Rangordnung auf Fußabstreiferniveau. Innerhalb der Pferdeherde könnte Ihr Pferd das nur mit einem Artgenossen machen, der deutlich rangniedriger ist oder, wenn ein Ranghöherer es zu dieser Art der Fellpflege aufgefordert hat.
Gerade, wenn Sie ein Pferd haben, das eher dominant ist, unterbinden Sie das Scheuern sofort. Machen Sie Ihrem Pferd freundlich, aber konsequent klar, dass Sie derartige Respektlosigkeiten nicht akzeptieren.

T Tipp

Lassen Sie sich von Ihrem Pferd nicht zum „Kratzbaum“ degradieren. Unterbinden Sie ein solches Verhalten freundlich, klar und konsequent.

UNTEN: ***Dieses Pferd hat genügend Holzbalken um sich herum; es braucht keinen menschlichen Kratzbaum.***

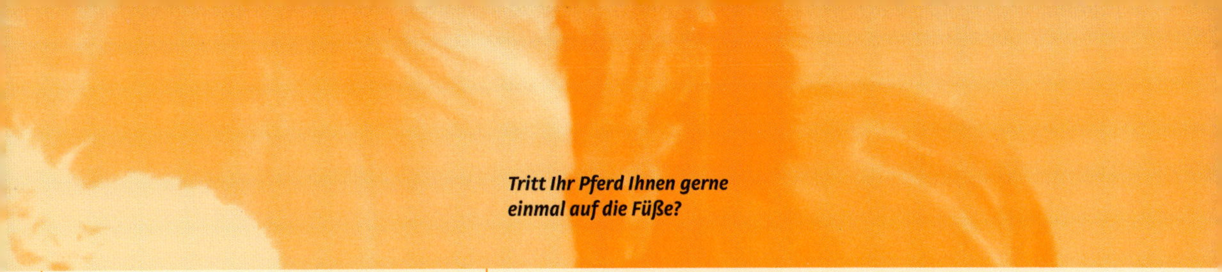

Tritt Ihr Pferd Ihnen gerne einmal auf die Füße?

Wenn Pferdehufe auf Menschenfüßen „parken“

Tritt Ihnen Ihr Pferd manchmal „zufällig“ und „ohne jede Absicht“ auf den Fuß? Entschuldigen Sie Ihr Pferd trotz Ihrer schmerzhaften Erfahrung mit den Worten: „Es ist halt etwas tollpatschig?“ Es mag zutreffen, dass Ihr Pferd ein Tollpatsch ist, vor allem aber bringt es Ihnen keine Achtsamkeit und keinen Respekt entgegen. Erstens hat es eine angemessene Distanz zu seinem „Leittier“ einzuhalten, und zweitens richtet ein Pferd immer einen Teil seiner Aufmerksamkeit auf das Leittier. Bei einer plötzlichen Gefahr reicht ein Signal der Leittiere, und die ganze Herde ist in Bewegung. Wenn Ihr Pferd seinen Huf auf Ihrem Fuß platziert und auch noch genüsslich sein Gewicht darauf verlagert, sind Sie ihm offensichtlich weder wichtig genug, um Ihren Raum zu respektieren, noch um Ihnen seine Aufmerksamkeit zu schenken. Bestrafen Sie das Pferd nicht dafür, sondern sehen Sie es als Aufforderung an, für Ihr Pferd ein Leittier zu werden.

Interessant ist zu beobachten, dass, sobald der Mensch beginnt, „Pferdisch“ mit seinem Pferd zu sprechen und sensibler mit dem Thema Pferdesprache und Rangordnung umgeht, seine zarten Menschenfüße automatisch unversehrt bleiben.

Haben Sie Lust, „Pferdisch“ zu lernen und auf ganz natürliche Weise Konflikte mit Ihrem Pferd zu lösen? Im Serviceteil finden Sie Literatur und Adressen.

Tipp

Wenn Ihr Pferd gerne auf Ihren Füßen parkt, achten Sie sehr bewusst darauf, dass es den von Ihnen definierten angemessenen Abstand zu Ihnen einhält. Es ist nicht Ihre Aufgabe, auf die Unversehrtheit Ihrer Füße zu achten, sondern das Pferd hat Ihre „Privatsphäre“ zu respektieren, und das ohne wenn und aber.

„Hab dich wohl übersehen“ – Rempeln

Passiert es Ihnen öfter, dass Sie von Ihrem Pferd angerempelt werden? So ganz „versehentlich“, versteht sich? Sie stehen vielleicht gedankenverloren auf der Koppel bei Ihrem Pferd, und es schiebt sich plötzlich, obwohl rings herum viel Platz ist, so dicht an Ihnen vorbei, dass Sie von fünfhundert Kilo Pferdeleib beiseite geschoben werden. Beliebt bei Pferden und höchst unerwünscht bei uns Menschen ist die folgende Situation: Das Pferd steht neben uns, nimmt plötzlich auf der anderen Seite etwas wahr und wirft ohne Rücksicht auf Verluste seinen Kopf herum – auf Kollisionskurs mit unserem! Schon mal passiert? Auch hier handelt es sich um einen Mangel an Achtsamkeit und Respekt. Für das Pferd sind Sie in diesem Moment gar nicht existent. Wer beachtet auch schon einen Rangniedrigeren? Der Rangniedrigere, egal ob Mensch oder Pferd, hat auszuweichen!

Bevor Pferde sich so nahe kommen, wird erst die Rangordnung geklärt.

Werden Sie von Ihrem Pferd manchmal derb angerempelt?

T Tipp

Auch hier gilt: Definieren Sie den angemessenen Abstand zwischen dem Pferd und Ihnen und achten Sie anfangs sehr penibel darauf, dass das Pferd sich Ihnen nicht annähert. Korrigieren Sie konsequent jeden Schritt zu weit. An der Vehemenz der Annäherungsversuche werden Sie erkennen, wie wichtig dieses Thema Ihrem Pferd offensichtlich ist. Es geht ja auch eindeutig um Rangordnung.

Überholt Ihr Pferd Sie beim Führen und Sie haben Mühe mit ihm Schritt zu halten?

Der zu lange Bremsweg – Überholen

Häufig zu beobachten: Der Mensch führt sein Pferd; als er stehen bleibt, schiebt sich das Pferd an ihm vorbei, und zwar ganz unauffällig, so, als habe es einfach nicht rechtzeitig „bremsen" können. War das Signal des Führenden nicht eindeutig genug und das Pferd hat tatsächlich zu spät erkannt, dass es stoppen soll? Anfangs sind klare, deutliche Signale für das Pferd sicher eine große Hilfe; ist jedoch später die Rangordnung klar definiert und vom Pferd akzeptiert, braucht es diese auffälligen Signale gar nicht mehr; es wird für das Pferd völlig selbstverständlich, stehen zu bleiben, wenn sein „Leittier" anhält. Achten Sie also stets darauf, dass Ihr Pferd stehen bleibt, sobald Sie anhalten. Dies ist sehr angenehm und macht das Zusammensein mit dem Pferd viel stressfreier.
Verwenden Sie statt eines kurzen Führstricks ein langes Führseil. So können Sie das Pferd durch Schlingern des Seiles oder durch Kreisen des Seilendes vor seinem Kopf auf Abstand halten. Vermeiden Sie ein Ziehen am Strick – auf Zug folgt Gegenzug.
Bleibt Ihr Pferd ruhig neben Ihnen stehen sobald Sie anhalten, ist auch das Aufsitzen kein Problem mehr. Selbstverständlich bleibt das Pferd auch in diesem Fall so lange stehen, bis das „Leittier" das Signal zum Aufbruch gibt.

Tipp **T**

Üben Sie mit Ihrem Pferd Folgen und Stoppen. Geben Sie dabei ein eindeutiges Handsignal: Zum Stoppen heben Sie die dem Pferd zugewandte Hand mit dem Zeigefinger nach oben bis auf Augenhöhe des Pferdes. Wenn nötig, machen Sie diese Bewegung sehr abrupt. Bleiben Sie selbst wie angewurzelt sehen. Möchten Sie, dass das Pferd Ihnen folgt, machen Sie mit der dem Pferd zugewandten Hand eine einladende, winkende Geste zum Mitkommen. Üben Sie sich darin, eindeutige Gesten zu machen und verzichten Sie auf ein Ziehen am Strick. Sollte Ihr Pferd nicht loslaufen, muntern Sie es freundlich aber bestimmt mit Hilfe einer Gerte auf, loszulaufen.

Drängt Ihr Pferd ab und zu in Ihre Richtung und Sie müssen einen Schritt zurückweichen?

„Rutsch mal eben“ – Vom-Platz-Verdrängen

Manche Pferde haben diese Variante der Respektlosigkeit sehr gut drauf. Ganz subtil, oft ohne dass wir Menschen das richtig registriert haben, hat das Pferd uns auf einen rangniedrigeren Platz verwiesen. Bühne für dieses Schauspiel ist meist der Putzplatz. Wir striegeln, machen und tun, und ehe wir es uns versehen, drückt ein dicker Pferdehintern in unsere Richtung und wir weichen einen Schritt zurück. Unangenehm vor allem dann, wenn wir bereits an der Wand stehen. Auf unser freundliches Drücken und Bitten, das Pferd möge uns doch wieder etwas mehr Platz zugestehen, folgt dann häufig ein gewaltiger Widerstand. Achten Sie darauf, dass das Pferd Ihnen ausweicht. Üben Sie das auch am Putzplatz. Wenn Sie seitlich auf die Hinterhand zugehen, fordern Sie das Pferd auf, einen Schritt zur Seite zu treten. Loben Sie es dann. Greifen Sie ein, sobald das Pferd die Tendenz hat, in Ihre Richtung zu drängen. Auch hier gilt wieder: Der Rangniedrigere muss weichen – lassen Sie nicht zu, dass Sie das sind!

T Tipp

Üben Sie mit Ihrem Pferd das Ausweichen der Hinterhand. Dabei gehen Sie entschlossen einen Schritt seitlich auf die Hinterhand des Pferdes zu. Zusätzlich können Sie mit einem Führstrick wedeln. Vorsicht bei schwierigen, aggressiven oder kitzligen Pferden. Achten Sie auf genügend Sicherheitsabstand. Sollte das Pferd daraufhin nicht bereits zur Seite treten, nehmen Sie sich eine Gerte zur Hilfe. Fassen Sie die Gerte so, dass das Griffende zur Pferdeflanke zeigt. Stupfen Sie das Pferd hinter dem letzten Rippenbogen vorsichtig an. Weicht es noch immer nicht, „pieksen“ Sie es etwas fester. Loben Sie Ihr Pferd, sobald es einen Schritt von Ihnen wegtritt.

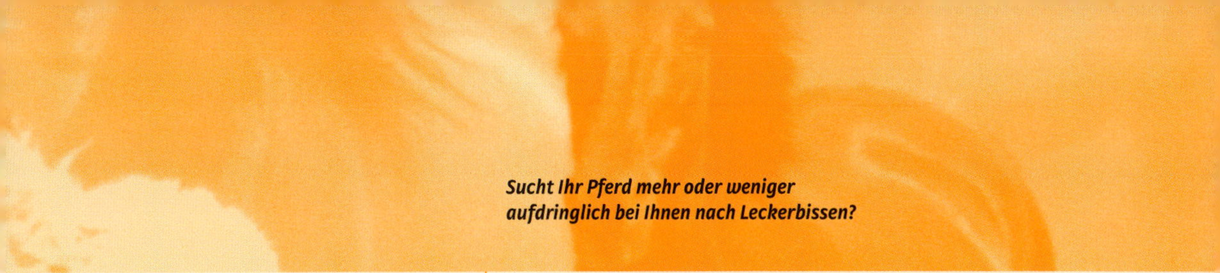

Sucht Ihr Pferd mehr oder weniger aufdringlich bei Ihnen nach Leckerbissen?

„Her mit den Leckerlis!" – Bettelgeister

Dieses „Fettnäpfchen" haben wir uns selbst eingebrockt. Wir alle meinen es ja gut mit den Pferden und loben und bestechen sie gerne mit Leckereien. Denken wir doch bei uns: „Liebe geht durch den Magen". Wobei wir es ja eigentlich schon wissen: Wahre Liebe kann man nicht mit Leckerlis erkaufen – die menschliche Liebe nicht, und die der Pferde erst recht nicht. Durch unsere „Gutheit" haben wir so manches Pferd zu einem wahren „Fressmonster" erzogen, und wenn wir die Leckereien nicht gleich parat haben, verleiht das nette Pferdchen seinem Anliegen mit einem tüchtigen Magenschwinger oder einem satten Tritt gegen unser Schienbein auch gerne etwas Nachdruck. Denken wir doch noch einmal zurück an die natürlichen Bedürfnisse des Pferdes und machen uns bewusst, dass das Pferd uns dann lieben wird, wenn wir ihm ein kompetentes „Leittier" sind, das ihm Schutz, Sicherheit und Geborgenheit gibt. Stehen wir da mit unseren von Leckerlis ausgebeulten Hosentaschen nicht etwas fragwürdig da? Meiner Meinung nach ist das Belohnen der Pferde mit Futter nichts Schlimmes, es sollte nur in Maßen und bewusst erfolgen. Geht es um Konditionierung eines Verhaltens, zum Beispiel beim Erlernen einer neuen Lektion oder als Dank für erbrachte Leistungen, ist Futter angebracht; geht es jedoch um Dominanz und Respekt, wäre Futter fatal: Oder finden Sie, Ihr Pferd sollte dafür belohnt werden, dass es Sie nicht umgerannt oder als Fußabstreifer benutzt hat? Loben Sie Ihr Pferd mit Ihrer Stimme und schenken Sie Ihm Aufmerksamkeit und Nähe. Sie werden feststellen, Leckerlis sind bald kein Thema mehr.

Tipp T

Setzen Sie Belohnungen mit Futter selten und bewusst ein. Vermeiden Sie zu häufige Gaben von Leckerlis. Zum einen wirkt es „inflationär", zum anderen erziehen Sie Ihr Pferd zum Betteln. Die Liebe, die Sie sich von Ihrem Pferd wünschen, können Sie sich damit ohnehin nicht „erkaufen".

„Wer bist denn du?“ – Die plumpe Anmache

Werden fremde Pferde Ihnen gegenüber manchmal plump und vertraulich?

Wie reagieren Sie, wenn ein Pferd auf Sie zukommt und Sie interessiert mit seiner samtweichen Nase erforscht? Fühlen Sie sich geschmeichelt, weil es so viel Interesse an Ihnen zeigt? Fühlen Sie sich gemocht von diesem Pferd und genießen die Berührung seiner weichen Nase? Tut es Ihnen gut, das Gefühl, für dieses Pferd offensichtlich wichtig zu sein? Ja, wir alle wollen geliebt werden, beachtet werden und wichtig sein. Ich fürchte, ich werde Sie nun desillusionieren. Aus der Sicht des Pferdes sieht diese Situation ganz anders aus: Als Neuling sind Sie erst einmal interessant, und es ist für das Pferd wichtig herauszufinden, wo Sie einzuordnen sind. Es beginnt mit einem einfachen Test: Kann ich ungehindert in die „Privatsphäre“ des anderen eindringen, ist er rangniedriger als ich. Kann ich ihn beschnuppern wie ich will, untermauert das meine Meinung. Häufig kommt nach der Kontaktaufnahme durch das Pferd ein immer dreister werdendes Ausloten von Grenzen. Es rückt noch dichter auf und der Mensch weicht meist zurück. – Wieder eine Information für das Pferd. Aha, der Mensch ist rangniedrig, er weicht mir aus. Manchmal fängt das Pferd dann auch frech zu betteln an oder zu zwicken. So sammelt das Pferd wichtige Informationen über seinen Rang dem Menschen gegenüber.

Aber keine Sorge, ich lasse Sie nun nicht so desillusioniert stehen! Ich verrate Ihnen, was Sie tun können. Ich verspreche Ihnen, es funktioniert immer, und das Pferd wird anfangen, sich wirklich für Sie zu interessieren. Sie werden wichtig sein, und wenn Sie auf diesem Weg bleiben, wird es Sie vielleicht irgendwann auf seine Art auch „lieben“.

Kommt ein Pferd einfach, ohne, dass Sie es angelockt haben, auf Sie zu, achten Sie darauf, dass es in angemessener Distanz (etwa ein bis zwei Meter) vor Ihnen stehen bleibt. Stoppen Sie das Pferd mit einem klaren Handzeichen oder

Die Art, wie zwei Pferde miteinander Kontakt aufnehmen, sagt bereits viel über ihren Rang innerhalb der Herde aus.

wedeln Sie mit einem Gegenstand, den Sie greifbar haben. Versucht das Pferd, sich weiter anzunähern, schicken Sie es zurück. Korrigieren Sie aber nur bis zum angemessenen Abstand. Sehr bald wird das Pferd äußerst interessiert sein und abkauen. Das bedeutet, es akzeptiert die Situation im Moment so und Ihre Information ist angekommen. Können Sie Ihrem Bedürfnis, das Pferd zu streicheln, nicht widerstehen, gehen Sie Ihrerseits ganz selbstverständlich auf das Pferd zu. Als Ranghöherer steht es Ihnen zu, überall hinzugehen und einen Rangniedrigeren zu berühren. Weicht das Pferd zurück, können Sie erkennen, dass es sehr wohl spürt, dass es um Rangordnung geht und es möchte sich entziehen. Gehen Sie ihm auf keinen Fall nach! Ziehen Sie sich zurück und signalisieren Sie ihm, dass Sie völlig autark sind. In den allermeisten Fällen wird das Pferd nach kurzer Zeit zurückkehren und wieder mit Ihnen Kontakt aufnehmen wollen. Meist findet dann die Annäherung schon weit respektvoller statt, und das Pferd bleibt in angemessener Distanz stehen und wartet ab, ob Sie ihm ein Signal geben und es sozusagen zu sich „einladen".

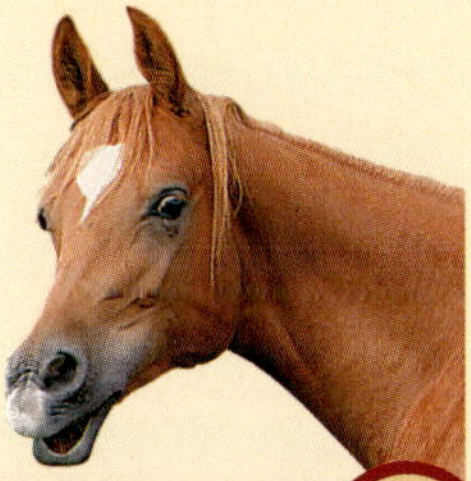

Tipp T

Bestimmen Sie, wann und wie dicht sich ein Pferd an Sie annähern darf. Damit verschaffen Sie sich den Respekt und das Interesse des Pferdes – möglicherweise der Beginn einer wunderbaren Freundschaft.

Vorsicht,

„Beziehungskiller“

Neben den größeren und kleineren Missverständnissen zwischen Mensch und Pferd, die sich meist leicht wieder korrigieren lassen, gibt es auch richtiggehende Beziehungskiller. Mit Beziehungskiller meine ich Situationen, die Ihnen Ihr Pferd wirklich übel nimmt; etwas, das mit Vertrauensbruch zu tun hat.

Beziehungskiller Nr 1: Ungerechte Behandlung

Erinnern Sie sich zurück an Ihre Kindheit. Gab es da nicht Situationen, in denen Sie ungerecht behandelt wurden? Wie haben Sie sich dabei gefühlt? Waren Sie zornig? Traurig? Haben Sie vielleicht mit großer Intensität rebelliert oder geheime Rachepläne geschmiedet? Nun, Pferde sind keine Menschen; und doch wirkt sich ungerechte Behandlung auch bei Pferden ähnlich wie bei uns Menschen aus: Es folgt Widerstand, Kampf, Weigerung oder eine zeitversetzte „Retourkutsche“.
Ich beobachtete eine Reiterin in der Bahn. Schon als sie mit Ihrem Auto auf den Hof fuhr und, aus welchem Grund auch immer, zornig die Autotüre zuwarf, spürte ich die große, schwarze Gewitterwolke, die sie umgab. Das Pferd spürte das wohl auch. Es wirkte angespannt und seine sonst sehr schwungvollen Gänge waren schwerfällig. Das Pferd schien unter seiner Reiterin förmlich zu schrumpfen. Es bemühte sich offensichtlich, den Anforderungen gerecht zu werden, doch es verspannte sich im Rücken und so sah alles reichlich zwanghaft aus. Da verpatzte das Pferd auch noch einen Galoppwechsel. Daraufhin wurde es rüde am Zügel herumgerissen. Das Pferd machte entsetzt einen Satz nach vorn. Nun brach das Gewitter erst richtig los. Die Zügel wurden ruckartig angezogen, beiderseits wurden ihm die Sporen in die Seite gerammt. Ohne dem Pferd auch nur einen Moment Ruhe zu gön-

Durch das Einhalten von ein paar einfachen Regeln ließe es sich vermeiden, ein Pferd so zu entsetzen.

Unfaires oder brutales Verhalten führt zum Vertrauensverlust des Pferdes.

nen, richtete die Reiterin es mit heftiger Zügel- und Sporeneinwirkung die ganze lange Seite rückwärts. Der Patzer des Pferdes wurde von ihr wie ein schweres Verbrechen geahndet. Es war auch offensichtlich, dass es nicht um den misslungenen Galoppwechsel ging, sondern um Dampfablassen eines vorher angestauten Ärgers, der mit dem Pferd gar nichts zu tun hatte. Nach dieser Bestrafungsaktion knirschte das Pferd mit den Zähnen und sein peitschender Schweif verriet seinen Unmut. Das Pferd hatte Recht: Die ganze Aktion war unfair gewesen. Es war von seiner Reiterin zum Prellbock gemacht worden.

Wichtig

Behandeln Sie Ihr Pferd niemals ungerecht. Wenn Sie schlechte Laune haben, knallen Sie ein paar Türen zu, aber lassen Sie bitte Ihr Pferd aus dem Spiel.

Beziehungskiller Nr. 2: Überforderung

Gehen wir noch einmal zurück zur Aufgabe der Leittiere. Sie führen und beschützen die Herde. Das Tempo, in der die Herde weiterzieht, richtet sich, von einer Fluchtsituation abgesehen, stets nach den schwächeren Herdenmitgliedern, wie zum Beispiel den Fohlen. Jedes Individuum der Herde kann so blindes Vertrauen haben, dass von ihm nichts gefordert wird, was es nicht zu leisten vermag. Nur, wenn ein Herdenmitglied so schwach oder krank geworden ist, dass es den lebenswichtigen Zug der Herde behindert, wird es zurückgelassen. Das Wohlergehen der Herde hat oberste Priorität. Leittiere kennen keinen blinden Ehrgeiz, kein Erfolgsstreben oder irgendeine Form der Profilierungssucht. Sie dienen, und das schafft Vertrauen.

Auch wer sein Pferd überfordert, missbraucht sein Vertrauen.

Verlangen wir Menschen von unseren Pferden Leistungen, die ihr Vermögen übersteigen oder ihre Kraftreserven bis zur völligen Erschöpfung aufbrauchen, so kommt das einem Vertrauensbruch gleich. Wenn wir genau hinsehen, so können wir die Enttäuschung des Pferdes in diesem Moment auch in seinem Ausdruck wahrnehmen. Suchen wir eine partnerschaftliche, auf Vertrauen basierende Beziehung zum Pferd, ist es wichtig, verantwortungsbewusst mit dem Leistungsvermögen und den Ressourcen des Pferdes umzugehen. So können wir sicherstellen, dass das Pferd motiviert mitarbeitet und sein Bestes gibt. Ein von übermäßigem Ehrgeiz oder von Geltungssucht zerfressenes „Leittier" disqualifiziert sich selbst. Auf einer Vereinsjagd startete ein Mann mit einer zierlichen Schimmelstute. Er hatte mit einem Bekannten eine Wette abgeschlossen, wer als erster ins Ziel käme. Seine Pferde hatte er am Haus, wo sie zwar täglich auf der Koppel waren, jedoch kaum geritten wurden. Kein Wunder also, dass schon nach kurzer Strecke die Stute schweißgebadet und außer Atem war. Beim Überspringen der Hindernisse konnte man sehen, dass weder Ross noch Reiter Übung oder Erfahrung in dieser Disziplin hatten. Statt den offensichtlichen Erschöpfungszustand seines Pferdes zu berücksichtigen und aufzugeben, trieb er sein Pferd unter massivem Gerteneinsatz weiter über die Hindernisse. Am vorletzten Hindernis verpasste die Stute den Absprung und stürzte. Zum Glück gab es keine ernsthaften Verletzungen. Konsequenzen hatte es dennoch: Das Pferd weigerte sich fortan, sich verladen zu lassen und war auch nicht mehr dazu zu bewegen, über ein Hindernis, sei es auch noch so niedrig, zu springen. Die eindeutig negative Erfahrung auf der beschriebenen Jagd hatte sich ihm tief eingeprägt.

Wichtig W

Überfordern Sie Ihr Pferd nicht. Gehen Sie verantwortungsbewusst mit seinen Fähigkeiten und Kräften um. Stellen Sie Ehrgeiz und Geltungsbedürfnis nicht über das Leistungsvermögen Ihres Pferdes.

Beziehungskiller Nr. 3: Unterwerfung

In vielen Köpfen spukt noch die Vorstellung herum, man müsse ein Pferd unterwerfen, um es zu beherrschen. Ich würde sagen, man muss es verstehen und vor allem die eigenen Führungsstärken entwickeln. Wurden früher Pferde mit roher, körperlicher Gewalt gebrochen, so ist es heute modern geworden, Pferde durch psychischen Druck gefügig zu machen. Das sieht zwar schöner aus, hat aber einen ähnlichen Effekt. Das Pferd wird zum Verlierer gemacht, der sich der menschlichen Willkür zu beugen hat.

Ein resignierter Verlierer

Ich bin ganz gewiss eine Befürworterin der freien Bodenarbeit, doch das, was gerade in jüngerer Zeit unter der Flagge der angeblichen Gewaltlosigkeit mit Pferden gemacht wird, ist äußerst fragwürdig. Da wird ein Pferd in eine runde Arena von etwa 15 Metern Durchmesser geführt. Ein Mensch mit einem Seil oder einer Peitsche stellt sich dann in die Mitte des Rondells und beginnt, das Pferd so lange im Kreis zu treiben, bis es das vom Menschen erwartete Unterwerfungssignal, den demütig gesenkten Hals, zeigt. Daraufhin bleibt der Mensch regungslos mit dem Rücken zum Pferd stehen und wartet, bis sich das Pferd ihm nähert. Gerührt von dieser Geste angeblich tiefster Zuneigung ist er festen Glaubens, das Pferd schließe sich ihm nun freiwillig an und erkenne in ihm das vertrauenswürdige Leittier. Aus einer anderen Perspektive betrachtet gleicht der Roundpen einem Hamsterrad; es gibt keinen Anfang, kein Ende und vor allem keinen Ausweg. Der Mensch in der Mitte, mit seinem Seil in der Hand, braucht weder Führungsqualitäten noch Einfühlungsvermögen oder Sachverstand. Das Pferd hat keine Wahl. Es fügt sich in sein Schicksal und unterwirft sich. Wird diese Prozedur öfter gemacht, entsteht ein Konditionierungseffekt. Das Pferd hat gelernt, sich schnell zu fügen und läuft dem Menschen sofort nach – dann braucht es nämlich keine dreißig oder mehr Runden zu galoppieren. Pferde sind ja

nicht dumm. Auf diese Weise erzogene Pferde stellen ihre Besitzer häufig vor ein Problem: Sie sind im Roundpen sehr gefügig, funktionieren bestens, doch außerhalb gibt es gewaltige Dominanzprobleme. Die Pferde wissen sehr genau, dass draußen, ohne Bretterwand, der Mensch keinerlei Druckmittel besitzt. Hier „rächt" sich der Verlierer und es zeigt sich, dass der Mensch in den Augen des Pferdes alles andere als ein vertrauenswürdiges Leittier ist.
Andere roundpengeschädigte Pferde sind völlig resigniert, und jeglicher Glanz und Stolz scheint ihnen genommen. Sollten Sie bereits derartige „Bodenarbeit" mit Ihrem Pferd praktiziert haben, ziehen Sie ganz ehrlich Bilanz. Hat Ihr Pferd an Ausdruck verloren? Entsteht oftmals der Eindruck, es würde einfach nur noch funktionieren, ohne wirklich Freude am Tun zu haben? Haben Sie außerhalb des Roundpens nach wie vor Probleme, sich durchzusetzen? Sollten Sie eine dieser Fragen mit Ja beantwortet haben, überdenken Sie bitte den Sinn bzw. Unsinn dieser so genannten Dominanzarbeit. Die freie Bodenarbeit sollte beiden Seiten Spaß machen und dem Verständnis dienen. Eine harmonische Beziehung basiert auf gegenseitigem Respekt, Achtsamkeit und Vertrauen. Vertrauen können Sie durch Unterwerfung nie gewinnen. Ein Verlierer beugt sich dem Druck so lange dieser besteht – Vertrauen und Freundschaft kann man nicht erzwingen.

Um ein Pferd zu dominieren, brauchen Sie ihm nichts von seinem Stolz und seiner Würde wegzunehmen – geben Sie ihm stattdessen etwas dazu: einen vertrauenswürdigen Partner mit Führungskompetenz, an dem es sich in jeder Lebenslage orientieren kann.

Der Weg zu Freude und Harmonie

Das Angebot an Methoden für das bessere „Funktionieren" von Pferden lässt uns manchmal vergessen, dass eine partnerschaftliche Beziehung nichts mit Funktion, sondern viel mehr mit gegenseitigem Verständnis und Kommunikation zu tun hat. Das Wichtigste ist gegenseitiges Vertrauen; und das kann man nicht künstlich herstellen – es kommt aus dem Herzen.
Machen Sie sich auf, Ihr Pferd (noch) besser kennen zu lernen und zu verstehen. Halten Sie nicht länger an überholten Denkmustern und Erwartungshaltungen fest. Entdecken Sie Ihren Partner Pferd neu und lassen Sie sich ein auf eine freudige, lebendige Beziehung jenseits von Leistungsdenken, Geltungsdrang oder Vermenschlichung.

Zum Weiterlesen

Hempfling, Klaus F.
Mit Pferden tanzen. Dominanz ohne Strafen, versammeltes Reiten am losen Zügel, vertraute Harmonie von Anfang an. Kosmos Verlag, Stuttgart 1993/2001.

Kröger, Ilona und Uhl-Kutsch, Christine
Reiten im Einklang mit mir selbst. Kinesiologie, Energiearbeit, Reiki. Übungen und Techniken zum Stressabbau, Anleitungen zum Aufbau positiver Energie. Kosmos Verlag, Stuttgart 2003.

Müller, Karin und Lind, Carola
Gespräche mit Pferden. Erstaunliche Erfahrungen mit dem sechsten Sinn. Das Buch hilft, eigene telepathische Kräfte zu entwickeln und so eine neue Dimension im Zusammensein mit Pferden zu erlangen. Kosmos Verlag, Stuttgart 2004.

Neumann-Cosel, Isabelle von
Pferde verstehen leicht gemacht. Alles über Pferdeverhalten, Pferdepersönlichkeiten, Reaktionen und Bedürfnisse von Pferden. Mit Praxistipps für den Alltag. Kosmos Verlag, Stuttgart 2002.

Rashid, Mark
Denn Pferde lügen nicht. Neue Wege zu einer vertrauten Mensch-Pferd Beziehung. Nach der Methode Rashids schließen sich die Pferde dem Menschen freiwillig an, weil sie ihm vertrauen und sich in seiner Gegenwart wohl fühlen. Kosmos Verlag, Stuttgart 2000.

Schmid-Neuhaus, Angelika
Massage für Pferde. Das grundlegende Praxiswissen für eine gelungene Pferdemassage. Kosmos Verlag, Stuttgart 2002.

Schulz, Barbara
Wenn Pferde Langeweile haben. Neue Beschäftigungsideen und Spielmöglichkeiten für Pferde in der Box und im Paddock, für mehr Abwechslung im Pferdealltag. Kosmos Verlag, Stuttgart 2003.

Schwaiger, Susanne E.
Der Weg mit Pferden – Ein Weg zu mir. Das Pferd als Persönlichkeitstrainer. Pferde sehen das Sein hinter dem Schein; durch ihr Feedback erfahren wir eine Menge über uns selbst. Kosmos Verlag, Stuttgart 2000.

Schwaiger, Susanne E.
Persönlichkeitstraining mit Pferden. Das Praxisbuch. Mit Übungen und Spielen zu mehr Klarheit und Präsenz, Selbstbewusstsein und Durchsetzungsvermögen. Kosmos Verlag, Stuttgart 2001.

Videos

GaWaNi Pony Boy
Horse, Follow Closely. Native American Horsemanship. Indianisches Pferdetraining in 14 Übungen, für Reiter aller Disziplinen und Ausbildungsstufen. Kosmos Verlag, Stuttgart 2001.

Hempfling, Klaus F.
Die erste Begegnung. Körpersprache als Weg zu Freundschaft, Dominanz und Vertrauen. Wie Pferde auf eindeutige und differenzierte Körpersignale reagieren. Kosmos Verlag, Stuttgart 1993.

Hempfling, Klaus F.
Körpersprache. Brücke zwischen Mensch und Pferd. Vom ersten Spielen über die Bodenarbeit bis hin zur engsten reiterlichen Verbindung. Kosmos Verlag, Stuttgart 1997.

Nützliche Adressen

Deutsche Reiterliche Vereinigung (FN)
Freiherr-von-Langen-Straße 13
D – 48231 Warendorf
Tel. +49-(0)2581-63620
Fax +49-(0)2581-62144
www.fn-dokr.de
www.pferd-aktuell.de

Vereinigung der Freizeitreiter und -fahrer in Deutschland (VFD)
Auf der Hohengrub 5
D – 56355 Hunzel
Tel. +49-(0)6772-964428
Fax +49-(0)6772-964429
www.vfdnet.de

Bundesfachverband für Reiten und Fahren in Österreich (BFV)
Geiselbergstr. 26–32 / 512
A – 1110 Wien
Tel. +41-(0)1-7499261-0
Fax +41-(0)1-7499261-91
www.fena.at

Schweizerischer Verband für Pferdesport (SVPS)
Box 726
Papiermühlestr. 40 H
CH – 3000 Bern 22
Tel. +31 (0)335-4343
Fax +31 (0)335-4358
www.svps-fsse.ch

Das Pegasus Projekt
Susanne E. Schwaiger
Postfach 32
D – 86552 Pöttmes
www.Das-Pegasus-Projekt.com
info@das-pegasus-projekt.com

T.T.E.A.M. Deutschland
Bibi Degn
Hassel 4
D – 57589 Pracht
Tel. +49-(0)2682-8886
Fax +49-(0)2682-6683
www.tteam.de

Zu Seminaren, Lehrgängen und Prüfungen rund ums Pferd besuchen Sie die Homepage der Kölner Pferde-Akademie: www.koelnerpferdeakademie.de

Register

Impressum

Umschlag von eStudio Calamar unter Verwendung von Farbfotos von Horst Streitferdt / Kosmos (Hauptmotiv, kleines Foto m.) und Ramona Dünisch (2 kleine Fotos o. und u.)

Mit 80 Farbfotos und 7 s/w-Illustrationen.

Die deutsche Bibliothek – CIP-Einheitsaufnahme
Ein Titelsatz für diese Publikation ist bei der Deutschen Bibliothek erhältlich

> Alle Angaben in diesem Buch erfolgen nach bestem Wissen und Gewissen. Sie entbinden den Pferdehalter nicht von der Eigenverantwortung für sein Tier und können insbesondere die tierärztliche Untersuchung und Behandlung nicht ersetzen.

Gedruckt auf chlorfrei gebleichtem Papier

ISBN 3-440-09663-7
Redaktion: Katja Rohrer
Gestaltungskonzept: eStudio Calamar
Produktion: Kirsten Raue, Claudia Kupferer
Printed in Germany / Imprimé en Allemagne

Bildnachweis

Farbfotos: Ramona Dünisch, www.RamonaDuenisch.de, (Innenklappe l. und r., S. 2, 5, 6, 7, 9, 10, 13, 16 r., 18, 19, 20, 21 o., 22, 24 u., 31, 37, 40, 42, 46, 48, 50, 55, 56, 57, 58, 59, 60), Marianne Lins (S. 14, 32, 38, 43), Marianne Lins / Kosmos (S. 3, 4, 11, 16 l., 61), Christof Salata / Kosmos (S. 27, 47), Susanne E. Schwaiger (S. 12, 21 u., 25 l., 28, 29 o.r., 44), Wolfgang Sittner / Kosmos (S. 8, 36), Horst Streitferdt / Kosmos (Innenklappe m., S. 1, 15, 23, 24 o., 25 r., 26, 29 o.l. und u., 30, 33, 34, 39, 41, 45, 64).

Illustrationen: Amelie Butze (S. 48, 49, 50, 51, 52, 53, 54).

Postfach 10 60 11
D-70049 Stuttgart
TELEFON +49 (0)711-2191-0
FAX +49 (0)711-2191-422
WEB www.kosmos.de
E-MAIL info@kosmos.de